AF548297

Peter Egger

KIRCHENGESCHICHTE

Licht und Schatten

Peter Egger

KIRCHEN-GESCHICHTE

Licht und Schatten

media maria

Bibliografische Information: Deutsche Nationalbibliothek.
Die Deutsche Nationalbibliothek verzeichnet diese Publikation in der Deutschen Nationalbibliografie; detaillierte bibliografische Daten sind im Internet über http://dnb. ddb. de abrufbar.

KIRCHENGESCHICHTE
Licht und Schatten
Peter Egger
Media Maria Verlag, 1. Auflage 2017
ISBN 978-3-9811452-8-1

ISBN 978-3-9454013-1-6

www.media-maria.de

INHALT

VORWORT

Eine kurze und kompakte Darstellung der Kirchengeschichte

Im vorliegenden Buch wird die bewegte Geschichte der katholischen Kirche in einer kurzen und kompakten Form dargestellt. In fünfzig Kapiteln werden die bekanntesten Ereignisse der Kirchengeschichte mit den wichtigsten Personen, Daten und Orten beschrieben. Die Kapitel sind in Form von »Katechesen« gestaltet und vermitteln ein solides und übersichtliches Grundwissen über die Kirchengeschichte.

Die geistigen und gesellschaftlichen Hintergründe

In diesem Buch geht es auch um die geistigen und gesellschaftlichen Hintergründe der Kirchengeschichte, ohne die es nicht möglich ist, die verschiedenen Entwicklungen und Ereignisse zu begreifen. Es wurden deshalb bei den verschiedenen Epochen immer wieder theologische, weltanschauliche und gesellschaftspolitische Erläuterungen eingefügt, die zu einem tieferen Verständnis der Kirchengeschichte führen sollen.

Die Darstellung der Licht- und Schattenseiten

Die verschiedenen Licht- und Schattenseiten, die sich in der Kirchengeschichte feststellen lassen, werden ebenfalls aufgezeigt. Die Darstellung dieser hellen und dunklen Seiten der Kirchengeschichte soll in einer möglichst nüchternen Sprache erfolgen. Hingewiesen wird jedoch auch auf einige »schwarze Legenden«, die immer wieder verbreitet werden, um die katholische Kirche in ein schlechtes Licht zu rücken.

Ein geraffter Überblick über die Kirchengeschichte

Im Anhang findet sich eine kompakte Zusammenfassung der Grundbegriffe und der wichtigsten Gestalten der Kirchengeschichte. Die Jahresangaben bei Päpsten und weltlichen Herrschern beziehen sich auf die Regierungszeiten.

Ich wünsche Ihnen eine anregende Lektüre und hoffe, dass Ihnen dieses Buch manche neuen Erkenntnisse über die Kirchengeschichte eröffnet.

Peter Egger

DER URSPRUNG DES CHRISTENTUMS

1. Der Gründer des Christentums

Der Gründer des Christentums ist Jesus von Nazareth. Jesus trat als der von Gott gesandte »Messias« auf, der von den Propheten des jüdischen Volkes seit Jahrhunderten angekündigt worden war. Jesus Christus kam als der Sohn Gottes in die Welt, um den Menschen Heil und Erlösung zu bringen. Seine Gestalt, seine Lehren und sein Wirken sind das Fundament der christlichen Religion.

2. Die Quellen über Jesus

a. Die biblischen Quellen

Die wichtigsten Quellen über Jesus von Nazareth sind die verschiedenen biblischen Quellen des Neuen Testaments. Zu diesen Quellen zählen die vier Evangelien von Matthäus, Markus, Lukas und Johannes. Weitere Aussagen über Jesus finden wir in der Apostelgeschichte, in den Briefen des Apostels Paulus, in den Katholischen Briefen und in der Apokalypse.

b. Die nicht biblischen Quellen

Es gibt auch mehrere jüdische, römische und frühchristliche Quellen, die über Jesus Christus berichten und viele Aussagen der biblischen Quellen bestätigen. Aber auch die sprachwissenschaftlichen, völkerkundlichen und archäologischen Forschungen haben entscheidende Beiträge zur vertieften Kenntnis von Jesus und seinem kulturellen Umfeld geliefert.

3. Das Leben Jesu

a. Die Geburt Jesu

Jesus Christus wurde im Jahr 7 oder 6 vor Beginn unserer Zeitrechnung in Bethlehem in Judäa geboren. Zur Zeit seiner Geburt war Kaiser Augustus der Herrscher des Römischen Reiches und König Herodes Herrscher von Palästina. Als Jesus geboren wurde, fand eine Volkszählung unter dem römischen Statthalter Quirinius statt (vgl. Lk 2,1–3).

b. Der Besuch der Sterndeuter

Ungefähr ein Jahr nach der Geburt kamen Sterndeuter aus dem Osten, um Jesus zu huldigen. Die Sterndeuter wandten sich an König Herodes und fragten ihn nach dem »neugeborenen König der Juden« (vgl. Mt 2,2). Von den Schriftgelehrten erhielten sie die Antwort, dass der neugeborene König in Bethlehem zu suchen sei (vgl. Mt 2,1–12).

c. Die Flucht nach Ägypten

Nach dem Besuch der Sterndeuter kam es zur Flucht der Heiligen Familie nach Ägypten. Da König Herodes von Judäa dem kleinen Jesus nach dem Leben trachtete, mussten Josef und Maria mit dem Kind nach Ägypten fliehen. Nach dem Tod von König Herodes im Jahr 4 v. Chr. kehrte die Familie Jesu nach Palästina zurück und ließ sich in Nazareth in Galiläa nieder (vgl. Mt 2,13–23).

d. Der zwölfjährige Jesus im Tempel

Mit zwölf Jahren begleitete Jesus seine Eltern zum Paschafest nach Jerusalem, wo das Gespräch mit den Schriftgelehrten im Tempel stattfand (vgl. Lk 2,41–52). Über die Jugend und das frühe Mannesalter Jesu vermitteln die biblischen Quellen keinerlei Informationen. Jesus hat also viele Jahre seines Lebens in völliger Verborgenheit gelebt.

e. Das öffentliche Wirken

Das öffentliche Auftreten Jesu begann im Jahr 28 n. Chr. (vgl. Lk 3,1) mit seiner Taufe durch Johannes den Täufer (vgl. Lk 3,21–22). Es folgte die Berufung von zwölf Jüngern (vgl. Mt 4,18–22 u. a.). Dann begann Jesus als Wanderprediger umherzuziehen. Im Mittelpunkt seiner Predigten stand die Verkündigung vom Reich Gottes (vgl. Mt 13,1–53). Jesus wirkte auch viele Wunder (vgl. Mt 8,1–4 u. a.) und trieb Dämonen aus (vgl. Mt 8,28–34 u. a.).

f. Die Verurteilung Jesu

Jesus geriet durch seine Lehre und seinen Anspruch, der Sohn Gottes zu sein, zunehmend in Konflikt mit den Vertretern des Judentums (vgl. Joh 5,18–23 u. a.). Der Hohe Rat der Juden ließ Jesus verhaften und verurteilte ihn zum Tode (vgl. Mt 26,47–66; 27,1). Der römische Statthalter Pontius Pilatus verhängte über ihn die Todesstrafe der Kreuzigung (vgl. Mt 27,11–26).

g. Das Leiden und Sterben Jesu

Jesus wurde gegeißelt und mit Dornen gekrönt (vgl. Joh 19,1–2). Dann trug er sein Kreuz zur Hinrichtungsstätte von Golgotha (vgl. Joh 19,17–18). Dort wurde er ans Kreuz geschlagen und starb einen qualvollen Tod (vgl. Mt 27,43–50). Jesus ist wahrscheinlich am 7. April im Jahr 30 n. Chr. gestorben. Die biblischen Quellen berichten, dass Jesus am dritten Tag nach seinem Tod von den Toten auferstanden und seinen Jüngern mehrmals erschienen ist.

4. Geschichtliche Fakten oder Mythen?

a. Die entscheidende Frage

Bei den Überlieferungen über das Leben Jesu stellt sich gleich die Frage nach ihrer geschichtlichen Zuverlässigkeit und Glaubwürdigkeit. Handelt es sich bei diesen Aussagen im Neuen Testament um geschichtlich begründete Aussagen oder handelt es sich dabei um »Erzählungen« bzw. um »Mythen«, die von einigen Mitgliedern der christlichen Urgemeinde für die Verkündigung der christlichen Botschaft verfasst worden sind?

b. Die detaillierten Angaben der biblischen Quellen

Das aufmerksame Studium der biblischen Quellen lässt erkennen, dass die Überlieferungen über das Leben Jesu viele genaue Details enthalten. Es ist die Rede von bestimmten Personen, Aussagen, Orten und Zeiten. Weiterhin lässt sich feststellen, dass der Sprachstil der Quellen sehr nüchtern und sachlich ist. Diese Tatsachen sprechen gegen Erzählungen und Mythen.

c. Die frühe Verfassung der biblischen Quellen

Die neuesten Erkenntnisse der Bibelwissenschaft zeigen, dass die biblischen Quellen wesentlich früher geschrieben wurden, als die traditionelle Bibelexegese es vermutete. Das bedeutet aber, dass es an der nötigen Zeit für die Entstehung von Mythen fehlte. Aufgrund der frühen Verfassung der biblischen Quellen ist auch die Wahrscheinlichkeit gegeben, dass es sich bei den biblischen Quellen um Berichte handelt, die auf Augenzeugen zurückgehen.

d. Das jüdische Umfeld erlaubt keine Vergöttlichung

Die Bibelwissenschaft weist auch darauf hin, dass es in einem jüdischen Umfeld unmöglich gewesen wäre, einen Menschen zum Sohn Gottes zu erklären. Wenn es nun doch zum Glauben an Jesus als den Sohn Gottes gekommen ist, so müssen historisch fundierte übernatürliche Ereignisse stattgefunden haben, die zum Glauben an die Gottheit Jesu geführt haben.

e. Die Erklärung des II. Vatikanischen Konzils

Das II. Vatikanische Konzil hat im Hinblick auf die Geschichtlichkeit der Evangelien folgende Erklärung abgegeben: »Die Kirche hat entschieden und unentwegt daran festgehalten und hält daran fest, dass die vier Evangelien, deren Geschichtlichkeit sie ohne Bedenken bejaht, zuverlässig überliefern, was Jesus, der Sohn Gottes, in seinem Leben unter den Menschen wirklich getan und gelehrt hat« (*Dei verbum*, 19).

DIE GRÜNDUNG DER KIRCHE

1. Jesus Christus gründet die Kirche

a. Die Berufung der zwölf Apostel

Das Neue Testament berichtet, dass Jesus zu Beginn seines öffentlichen Wirkens zwölf Apostel berufen hat, mit denen er eine erste Gemeinschaft gründete. »Die Namen der zwölf Apostel sind: an erster Stelle Simon, genannt Petrus, und sein Bruder Andreas, dann Jakobus, der Sohn des Zebedäus, und sein Bruder Johannes, Philippus und Bartholomäus, Thomas und Matthäus, der Zöllner, Jakobus, der Sohn des Alphäus, und Thaddäus, Simon Kananäus und Judas Iskariot, der ihn später verraten hat« (Mt 10,2–4).

b. Die Schulung der Apostel

Jesus war zwei bis drei Jahre lang mit den Aposteln zusammen. In dieser Zeit führte er sie in seine Lehre vom Reich Gottes ein (vgl. Mt 13,10–17). Er erteilte den Jüngern auch bestimmte Vollmachten, die sie zum Heil der Menschen einsetzen sollten. Jesus gab den Aposteln den Auftrag und die Vollmacht, Gottesdienst (Eucharistie) zu feiern (vgl. Lk 22,19–20) und den Menschen in seinem Namen die Sünden zu vergeben (vgl. Joh 20,22). Er stattete sie auch mit der Vollmacht aus, Dämonen auszutreiben und Kranke zu heilen (vgl. Lk 9,1).

c. Die Einsetzung eines Oberhauptes

Jesus hat schließlich den Apostel Petrus als Oberhaupt seiner Kirche eingesetzt: »Du bist Petrus und auf diesen Felsen werde ich meine Kirche bauen und die Mächte der Unterwelt werden sie nicht überwältigen. Ich werde dir die Schlüssel des Himmelreiches geben; was du auf Erden binden wirst, das wird auch im Himmel gebunden sein, und was du auf Erden lösen wirst, das wird auch im Himmel gelöst sein« (Mt 16,18–19). Die Kirche Jesu Christi ist also auf einem »Felsen« aufgebaut, der ein ständiges Amt der Führung und der Lehre verkörpert.

2. DER MISSIONSAUFTRAG

a. Jesus sendet die Apostel zu allen Völkern

Am Ende der längeren Einführung und Ausbildung hat Jesus den Aposteln den Auftrag erteilt, in die ganze Welt hinauszugehen und allen Geschöpfen das Evangelium zu verkünden (vgl. Mk 16,15). Jesus trat auf die Apostel zu und sagte zu ihnen: »Mir ist alle Macht gegeben im Himmel und auf der Erde. Darum geht zu allen Völkern und macht alle Menschen zu meinen Jüngern; tauft sie auf den Namen des Vaters und des Sohnes und des Heiligen Geistes, und lehrt sie, alles zu befolgen, was ich euch geboten habe« (Mt 28,18–20a).

b. Jesus Christus – der Stifter der christlichen Religion

Auf diese Weise wurde Jesus Christus durch seine Lehre und seine Vollmachten, aber auch durch die Gründung seiner Kirche und seinen weltweiten Missionsauftrag zum Stifter der christlichen Religion. Die zwölf Apostel machten sich auf, seine Lehre überall zu verkünden und begannen, im Auftrag und mit der Vollmacht Jesu zu wirken.

3. DIE VERKÜNDIGUNG DER APOSTEL

a. Die christliche Urgemeinde in Jerusalem

Die erste christliche Gemeinde entstand in Jerusalem. Die Apostelgeschichte berichtet, dass sich die ersten Christen regelmäßig zum Gebet im Tempel trafen, dass sie Gottesdienst feierten und ihre Güter teilten (vgl. Apg 2,43–47). Die Christen hatten von Anfang an unter der Verfolgung durch die jüdische Obrigkeit zu leiden. Petrus und Johannes wurden verhaftet (vgl. Apg 4,1–22), Stephanus wurde um 33 n. Chr. gesteinigt (vgl. Apg. 6,8–7,60), Jakobus der Ältere wurde 42 n. Chr. von König Herodes Agrippa II. hingerichtet. (vgl. Apg 12,1–2).

b. Das Schicksal der Gemeinde von Jerusalem

Um 48/49 n. Chr. fand in Jerusalem das sogenannte »Apostelkonzil« statt, bei dem es vor allem um die Zulassung der Heiden zum Christentum ging (vgl. Apg 15,1–35). Im Jahr 62 n. Chr. wurde der »Herrenbruder« Jakobus auf Befehl des Hohenpriesters Hannas II. hingerichtet. Daraufhin flohen viele Christen aus Jerusalem in die Stadt Pella in Transjordanien. Im Jahr 68 n. Chr. begann der erste große Aufstand der Juden gegen die Römer. Die Christen weigerten sich, an diesem Aufstand teilzunehmen und flohen aus der Stadt Jerusalem.

c. Die Zerstörung der Stadt Jerusalem

Im Jahr 70 n. Chr. wurde die Stadt Jerusalem durch die Römer zerstört. Anschließend kehrten die Christen nach Jerusalem zurück. In den Jahren 132–135/136 n. Chr. erfolgte unter der Führung Bar Kochbas ein zweiter großer Aufstand der Juden. Nach der Niederschlagung des Aufstands durch die Römer mussten die Juden und Christen das Land verlassen. Auf diese Weise kam es auch zum Ende der Jerusalemer Gemeinde.

d. Der Apostel Paulus

Der bedeutendste Missionar der christlichen Botschaft war der Apostel Paulus. Er stammte aus Tarsus in Kleinasien, studierte jüdische Theologie bei dem berühmten Schriftgelehrten Gamaliel in Jerusalem und war ursprünglich ein fanatischer Gegner des Christentums. Als er nach Damaskus zog, um dort die Christen zu verfolgen, hatte er ein Bekehrungserlebnis, das ihn zum Jünger Jesu werden ließ (vgl. Apg 22,1–21).

e. Die Missionsreisen des Apostels Paulus

Paulus begann als Missionar zu wirken und unternahm vier große Missionsreisen, die ihn nach Kleinasien, Makedonien, Griechenland, Zypern, Kreta und schließlich nach Rom führten. In vielen großen Städten – wie Korinth, Ephesus, Kolossä, Thessaloniki und Rom – gründete er christliche Gemeinden. Paulus schrieb auch mehrere Briefe an seine Gemeinden, in denen er auf theologische, ethische und seelsorgliche Fragen einging.

f. Christliche Gemeinden in Antiochia, Alexandria und Rom

Die Apostel gelangten auch in die Stadt Antiochia in Syrien, die damals mit 300 000 Einwohnern die drittgrößte Stadt des Römischen Reiches war. Sie fuhren auch nach Ägypten und missionierten in der Stadt Alexandria, die damals ein wichtiges kulturelles Zentrum des Römischen Reiches war. Und schließlich gelangten die Apostel auch nach Rom, der Hauptstadt des gewaltigen Reiches. In Rom wirkten vor allem die Apostel Petrus und Paulus.

g. Bis an die Grenzen der Erde

Die Apostel Petrus, Johannes, Philippus und Paulus zogen nach Westen und wirkten in Kleinasien, Griechenland und Italien; Bartholomäus, Thomas, Judas Thaddäus und Simon zogen nach Osten und missionierten in Mesopotamien, Persien und Indien; Andreas und Bartholomäus zogen nach Norden und gelangten nach Südrussland, Armenien und in den Kaukasus; Matthäus und Matthias zogen nach Süden und predigten in Ägypten und Äthiopien.

h. Das Mysterium der ersten Mission

Es ist bis heute ein Mysterium, wie das Christentum bereits in der ersten Generation bis an die Grenzen der damals bekannten Welt gelangen konnte. Die Apostel waren – außer Paulus – Männer ohne höhere Bildung, sie hatten keine besonderen Mittel und verwendeten keinerlei Gewalt. Hier war wohl von Anfang an das Wirken des Heiligen Geistes erkennbar!

DAS CHRISTENTUM IM RÖMISCHEN REICH

1. DIE BOTSCHAFT DES CHRISTENTUMS

a. Das christliche Gottesbild

Das Christentum verkündete, dass Gott der Vater aller Menschen ist. Der Gott der Christen ist ein Gott der Gerechtigkeit, der Liebe und des Friedens. Der christliche Gott ist ein universaler Gott, der über allen Völkern und Nationen steht. Das Christentum vertrat also keine nationale, sondern eine universale Religion.

b. Das christliche Menschenbild

Das Christentum verkündete, dass der Mensch ein Abbild und ein Kind Gottes ist. Diese Tatsache verleiht jedem Menschen eine hohe Würde. Alle Menschen haben die gleiche Würde: die Reichen und die Armen, die Freien und die Sklaven. Alle Menschen werden von Gott in gleicher Weise geliebt.

c. Die christliche Moral

Das Christentum verkündete eine hohe Moral: Es predigte die Grundwerte der Zehn Gebote (Familie, Leben, Ehe, Eigentum, Wahrheit, Treue, Frieden), es verkündete die Grundhaltungen der Bergpredigt (Demut, Sanftmut, Gerechtigkeit, Friedfertigkeit, Standhaftigkeit, Feindesliebe) und forderte die Menschen zu Werken der Barmherzigkeit auf.

d. *Die christliche Gesellschaft*

Das Christentum verkündete eine neue Gesellschaft, in der alle Menschen Brüder und Schwestern sein sollten. Die Gesellschaft sollte von einer grundsätzlichen Gleichheit aller Menschen geprägt sein. Die Menschen sollten in Solidarität und Frieden miteinander leben und ihre irdischen Güter untereinander teilen.

e. *Die christliche Erlösung*

Das Christentum verkündete eine neue Art der Erlösung. Der Urheber dieser Erlösung ist Jesus Christus, der den Menschen durch sein Sühneleiden die Vergebung von Sünde und Schuld vermittelt. Durch Jesus Christus erhalten die Menschen die Kraft zu einem neuen Leben. Die Menschen müssen aber zu Umkehr und Buße bereit sein.

2. DER KONFLIKT MIT DEM ANTIKEN ROM

Die Lehre des Christentums stand in vielen Bereichen in einem radikalen Gegensatz zur Weltanschauung der Antike. Das zeigte sich vor allem im Hinblick auf das antike Rom.

a. *Der Konflikt mit der römischen Religion*

Das Christentum geriet zunächst in Konflikt mit der römischen Religion. Es stellte sich gegen die römischen Götter, die auch die religiöse Grundlage des Römischen Reiches bildeten. Das Christentum lehnte die vielen Götter und den Synkretismus (Vermischung aller Religionen) ab. Es verkündete die Ausschließlichkeit des christlichen Gottes.

b. Der Konflikt mit der römischen Moral

Das Christentum geriet auch in Konflikt mit der römischen Moral. Es prangerte die verschiedenen Laster der heidnischen Gesellschaft an (Unzucht, Ehebruch, Habsucht, Ungerechtigkeit, Feindschaft). Viele Christen weigerten sich, den Militärdienst zu leisten; sie lehnten auch die grausamen Schauspiele in der Arena ab usw.

c. Der Konflikt mit der römischen Gesellschaft

Das Christentum geriet schließlich auch in Konflikt mit der römischen Gesellschaft. Es verkündete die Gleichheit und Brüderlichkeit der Menschen und wandte sich gegen die Klassengesellschaft. Es forderte die allgemeine Nächstenliebe und die Feindesliebe und stellte damit die Sklaverei und den Militarismus infrage.

d. Die Ablehnung des Christentums

Das Christentum wurde von der römischen Gesellschaft und der römischen Staatsmacht weitgehend abgelehnt: Die Christen opferten nicht den römischen Göttern und verweigerten den Kaiserkult, sie distanzierten sich von der römischen Gesellschaft und lebten in eigenen Gemeinden. Sie wurden als Außenseiter und Staatsfeinde betrachtet.

e. Die Annahme des Christentums

Es gab in der römischen Gesellschaft aber auch viele Anhänger des Christentums. Zunächst waren es vor allem die unteren Klassen und die Sklaven, die sich zum Christentum bekehrten. Es gab aber auch Anhänger aus den höheren Klassen, die sich zum Christentum bekannten und seine moralische Überlegenheit anerkannten.

DIE CHRISTENVERFOLGUNGEN

In den ersten drei Jahrhunderten kam es wiederholt zu Christenverfolgungen. Mehrere römische Kaiser bekämpften das Christentum, das in mehrfacher Hinsicht die Grundlagen des Römischen Reiches infrage stellte. Einige Kaiser verfolgten die Christen mit großer Grausamkeit und Willkür, andere Kaiser verfolgten sie in rechtlicher Hinsicht.

1. ERSTES JAHRHUNDERT

a. Kaiser Nero

Die erste Christenverfolgung erfolgte unter Kaiser Nero (54–68). Als sich im Jahr 64 n. Chr. ein großer Brand in Rom ereignete, beschuldigte der Kaiser die Christen der Brandstiftung. In der Folge kam es zu einer großen Christenverfolgung, die von 64–68 n. Chr. dauerte. Während dieser Verfolgung wurden auch die Apostel Petrus und Paulus hingerichtet.

b. Kaiser Domitian

Die zweite Christenverfolgung geschah unter Kaiser Domitian (81–96). In der Regierungszeit dieses Kaisers hatten vor allem die Christen in Kleinasien viel zu leiden. Nach kirchlicher Überlieferung verfasste damals Johannes auf der Insel Patmos das berühmte Buch der Apokalypse (Geheime Offenbarung), in dem er die Gemeinden von Kleinasien stärkte und tröstete.

2. ZWEITES JAHRHUNDERT

a. Die Adoptivkaiser

In der Zeit der sogenannten »Adoptivkaiser« im zweiten Jahrhundert hatten die Christen eine relativ große Freiheit. Unter den bekannten Kaisern Trajan (98–117), Hadrian (117–138) und Marc Aurel (161–180) fanden keine staatlich verordneten Christenverfolgungen statt. Es kam aber zu örtlichen Aufständen gegen sie.

b. Kaiser Trajan

Kaiser Trajan ordnete an, dass die Christen nicht aufgespürt werden sollten. Wenn sie jedoch angezeigt wurden, dann mussten sie vor Gericht gestellt und bei Missachtung der religiösen Verordnungen bestraft werden. Diese Regelung galt dann auch unter der Herrschaft der späteren Adoptivkaiser.

3. DRITTES JAHRHUNDERT

a. Die Soldatenkaiser

In der Zeit der sogenannten »Soldatenkaiser« im dritten Jahrhundert geschahen schreckliche Christenverfolgungen. Die damaligen Kaiser waren meistens Generäle bzw. Heeresführer und herrschten mit diktatorischer Vollmacht. Ihr Vorgehen gegen die Christen glich oft einem Feldzug, der die Vernichtung der Christen zum Ziel hatte.

b. Kaiser Decius

Kaiser Decius (249–251) wollte die römischen Götter gnädig stimmen und erließ daher ein allgemeines Gebot, den Staatsgöttern zu opfern. Als die Christen sich weigerten, diesen zu opfern, erfolgte die erste systematisch durchgeführte Christenverfolgung im ganzen Römischen Reich.

c. Kaiser Diokletian

Kaiser Diokletian (284–305) forderte den Glauben an die römischen Götter und verpflichtete die Bürger zum Kaiserkult (göttliche Verehrung des Kaisers). Die Christen wurden zu Staatsfeinden erklärt, die Kirchen wurden zerstört, die heiligen Bücher verbrannt, es durften keine Gottesdienste abgehalten werden, viele christliche Beamte wurden zu Sklaven gemacht, viele christliche Soldaten wurden hingerichtet.

4. DIE KIRCHE DER MÄRTYRER

a. Grausame Hinrichtungen

In den ersten drei Jahrhunderten wurden die Christen oft auf grausame Weise hingerichtet. Unter Kaiser Nero band man die Christen an Pfähle und ließ sie nach Einbruch der Dunkelheit als lebende Fackeln brennen. Später warf man sie im Kolosseum und im Circus Maximus den wilden Tieren vor. Viele Christen wurden auch ans Kreuz geschlagen.

b. Die Katakomben

In der Zeit der Verfolgung flohen viele Christen in die Katakomben. Bei den Katakomben handelte es sich um unterirdische Gänge, die als Friedhöfe dienten. Die römischen Katakomben hatten eine Länge von 150 Kilometern. Die Christen feierten in den Katakomben auch ihre Gottesdienste und begruben dort viele ihrer Märtyrer. Die bekanntesten Katakomben sind die Domitilla-Katakombe und die Calixtus-Katakombe.

c. Bekannte Märtyrer

Zu den bekanntesten Märtyrern zählen der hl. Polykarp (69–155) von Smyrna, der hl. Ignatius (2. Jh.) von Antiochien, der hl. Cyprian (um 200–258) von Karthago, die hl. Perpetua (181–203), die hl. Felicitas († 203) und der hl. Sebastian († 287). Das mutige Zeugnis dieser Christen trug entscheidend zur Verbreitung des Christentums bei.

DIE KONSTANTINISCHE WENDE

1. KAISER KONSTANTIN

a. Die Schlacht an der Milvischen Brücke

Nach Kaiser Diokletians Rücktritt (305 n. Chr.) kam es zwischen mehreren Feldherren zu jahrelangen Kriegen um die Herrschaft im Römischen Reich. Nach langen Kämpfen besiegte Konstantin (306–337) im Jahr 312 in der Schlacht an der Milvischen Brücke im Norden Roms seinen Gegenspieler Maxentius (306–312) und wurde damit zum alleinigen römischen Kaiser.

b. »In hoc signo vinces!«

Die Legende berichtet, dass Konstantin in der Nacht vor der Schlacht einen besonderen Traum hatte: Er habe ein Kreuz gesehen, unter dem die Worte standen: *In hoc signo vinces!* (»In diesem Zeichen wirst du siegen!«). Daraufhin habe Konstantin auf den Standarten (Feldzeichen der Truppen) und auf den Schildern der Soldaten Kreuze anbringen lassen.

2. DAS MAILÄNDER EDIKT

a. Die Gleichberechtigung des Christentums

Nach seinem Sieg über Maxentius erließ Kaiser Konstantin im Jahr 313 das berühmte Mailänder Edikt. Es handelte sich um ein Toleranz-Edikt, welches das Christentum als gleichberechtigte Religion anerkannte. Diese Anerkennung des Christentums vonseiten des Staates bedeutete das Ende der jahrhundertelangen Verfolgungen.

b. Die Hintergründe des Mailänder Edikts

Das Mailänder Edikt war nicht nur eine religiöse, sondern auch eine politische Maßnahme Kaiser Konstantins. Er hatte die ethische Überlegenheit des Christentums gegenüber dem Heidentum erkannt und versuchte nun, den christlichen Glauben für die Stabilisierung des Reiches einzusetzen.

c. Die Folgen des Mailänder Edikts

Das Mailänder Edikt führte zur Freiheit der Christen und der Kirche. Gleichzeitig geriet die Kirche aber in eine gewisse Abhängigkeit vom Staat, die sich in den kommenden Jahrhunderten oft als nachteilig erweisen sollte. Die Kirche im Osten geriet zunehmend unter die Herrschaft der Kaiser, die Kirche im Westen hingegen konnte sich gegen sie behaupten.

3. DIE KONZILIEN IM 4. UND 5. JAHRHUNDERT

Im 4. und 5. Jahrhundert entstanden verschiedene Häresien (Irrlehren). Es wurden vier Reichskonzilien (Konzil: beratende Versammlung) abgehalten, bei denen die Bischöfe über die rechte

Lehre berieten und bestimmte Dogmen (endgültige Glaubenssätze) festlegten.

a. Das Erste Konzil von Nicäa (325): Gottheit Jesu Christi

Beim Konzil von Nicäa ging es um die Irrlehre des Arius (256–336), der die Gottheit Jesu Christi leugnete und damit die zentrale Lehre des Christentums infrage stellte. Das Konzil erklärte die göttliche Wesensgleichheit von Jesus Christus mit Gott, dem Vater. Dieses Dogma wurde vor allem vom hl. Bischof Athanasius (328–373) verteidigt.

b. Das Erste Konzil von Konstantinopel (381): Gottheit des Heiligen Geistes

Beim Konzil von Konstantinopel ging es um die Irrlehre des Macedonius († 360), der die Gottheit des Heiligen Geistes infrage stellte. Diese Irrlehre erklärte, dass der Heilige Geist nur ein Geschöpf des Sohnes sei. Der Heilige Geist sei zudem nicht Herr, sondern nur Diener. Das Konzil erklärte die Gottheit des Heiligen Geistes.

c. Das Konzil von Ephesus (431): Maria als Gottesgebärerin

Beim Konzil von Ephesus ging es um die Irrlehre des Nestorius (386–51), der Maria nicht als Gottesgebärerin anerkennen wollte. Diese Irrlehre stellte die Tatsache infrage, dass Maria in Jesus den Sohn Gottes geboren hatte und damit zur Gottesgebärerin geworden war. Das Konzil erklärte Maria zur Gottesgebärerin (griech. *Theotókos*).

d. Das Konzil von Chalcedon (451): Jesus als wahrer Gott und wahrer Mensch

Beim Konzil von Chalcedon ging es um die Irrlehre des Monophysitismus, der Jesus nur die göttliche Natur zuerkannte. Diese Irrlehre stellte die menschliche Natur Jesu Christi infrage. Das Konzil erklärte, dass Jesus zwei Naturen besitzt, nämlich eine göttliche und eine menschliche Natur, die in der Person Jesu ihre Einheit finden.

e. Das Glaubensbekenntnis

Die Konzilien führten zum »Großen Glaubensbekenntnis«, das die Grundwahrheiten des Christentums klar definiert und gegen die Irrlehren absichert. Dieses Glaubensbekenntnis trägt heute noch den Namen »Nizäno-Konstantinopolitanisches Glaubensbekenntnis«.

DIE MISSIONIERUNG EUROPAS

1. DIE ZEIT DER VÖLKERWANDERUNG

a. Die Einfälle verschiedener Völker

Ab dem 4. Jahrhundert wurde das Römische Reich von den Einfällen verschiedener Völker heimgesucht. Im Jahr 410 eroberten die Westgoten unter König Alarich (370–410) die Stadt Rom. 452 war der Hunnenkönig Attila (445–453) auf dem Marsch nach Rom. Im 5. Jahrhundert drangen die Ostgoten und die Vandalen in das Weströmische Reich ein, im 6. Jahrhundert folgten die Langobarden.

b. Das Ende des Weströmischen Reiches

Der Ansturm der barbarischen Völker führte zum Verfall der öffentlichen Ordnung und zur Herrschaft des Faustrechts. Es kam aber auch zum Niedergang der Moral und zum kulturellen Verfall. 476 setzte der germanische Stammeskönig Odoaker (476–493) den römischen Kaiser Romulus Augustulus (475–476) ab und besiegelte damit das Ende des Weströmischen Reiches.

2. DAS PAPSTTUM

a. Das Papsttum während der Völkerwanderung

In der Zeit der Völkerwanderung waren die Päpste die einzige Autorität im ehemaligen Weströmischen Reich, die den verzweifelten Bürgern eine gewisse Sicherheit vermittelte. Sie schützten die römische Bevölkerung gegen die einfallenden barbarischen Völker (Leo I. [440–461], gegen Attila und die Vandalen; Gregor I. [590–604] gegen die Langobarden).

b. Die politische und geistliche Führung des Abendlandes

Die Päpste bemühten sich um die Aufrechterhaltung der öffentlichen Ordnung und versuchten, die Kultur und Kunst zu retten. Sie setzten sich auch für die Bewahrung des rechten Glaubens ein (z. B. gegen die Arianer). Auf diese Weise wurden die Päpste zu politischen und geistigen Führern des Abendlandes.

c. Die Orientierung nach Norden

Die Päpste erkannten die Bedeutung der jungen Völker im Norden Europas für die Zukunft des Abendlandes und der Kirche. Deshalb bemühten sie sich, diesen jungen Völkern den christlichen Glauben und die antike Kultur zu vermitteln. Papst Gregor I. (590–604), auch Gregor der Große genannt, schickte die ersten Glaubensboten nach England (Canterbury) und Germanien.

3. DAS MÖNCHTUM

a. Die Gründung des Benediktinerordens

In der Zeit der Völkerwanderung gründete der hl. Benedikt von Nursia (480–547) den Benediktinerorden. Das Stammkloster des Ordens wurde im Jahr 529 auf dem felsigen Hügel von Montecassino zwischen Rom und Neapel errichtet. Der Benediktinerorden trug ganz entscheidend zur Erneuerung Europas bei.

b. Ora et labora!

Der Geist des hl. Benedikt offenbart sich in der bekannten Formel *ora et labora*. Die christliche Spiritualität *(ora)* und die aktive Arbeit *(labora)* sind die zwei Säulen des benediktinischen Lebens. Die feierliche Liturgie, das Gebet und die Kultur bewirkten eine innere Erneuerung; die aktive Arbeit in der Gemeinschaft führte zu einer äußeren Erneuerung Europas.

c. Die Bedeutung der benediktinischen Klöster

Die benediktinischen Klöster entwickelten sich in ganz Europa zu spirituellen, sozialen, kulturellen und ökonomischen Zentren der Erneuerung. Im Laufe der folgenden Jahrhunderte wurden in Europa über tausend Benediktinerklöster gegründet. Diese Klöster wurden zu Stützpunkten der Christianisierung und Kultivierung Europas.

4. DIE MISSIONIERUNG GERMANIENS

a. Die irische Mission

Die Missionierung Englands und Irlands, die durch Papst Gregor I. eingeleitet worden war, machte rasche Fortschritte. Der große Apostel Irlands war der hl. Patrick im 5. Jahrhundert. Bald zogen aus Irland große Missionare auf das europäische Festland. Der hl. Kolumban (543–615) zog nach Germanien und Italien, der hl. Gallus (550–646) kam in die heutige Schweiz (St. Gallen).

b. *Die angelsächsische Mission*

Auch aus England kamen viele Missionare auf das europäische Festland. Der berühmteste dieser Missionare war der hl. Bonifatius (672–754), der auch der »Apostel Deutschlands« genannt wird. Bonifatius wirkte in verschiedenen Gegenden Germaniens. Er wurde bei der Missionierung der Friesen in Norddeutschland erschlagen. Sein Grab befindet sich in Fulda.

5. DIE MISSIONIERUNG DES FRANKENREICHS

a. *Die Taufe König Chlodwigs*

Eine besondere Bedeutung kam der Missionierung der Franken zu, die damals das bedeutendste germanische Volk waren. Sie begann im Jahr 496 mit König Chlodwigs Taufe (482–511). Im Jahr 742 kam es unter der Führung des hl. Bonifatius zur Gründung mehrerer Bistümer und zur Schaffung einer festen kirchlichen Ordnung.

b. *Die Verbindung zwischen Franken und Rom*

Durch die Vermittlung des hl. Bonifatius entstand auch eine enge Beziehung zwischen dem Frankenreich und dem Papsttum. Diese Beziehung sollte die Voraussetzung für das spätere Bündnis zwischen dem Frankenreich und dem Papsttum sein, das die Grundlage für das Heilige Römische Reich Deutscher Nation bilden sollte.

6. DIE MISSIONIERUNG DER SLAWEN UND UNGARN

a. Die Slawenapostel Kyrill und Method

Im 9. Jahrhundert begann auch die Missionierung der Slawen. Im Jahr 863 kamen die »Slawenapostel« Kyrill (826–869) und Method (815–885) aus Griechenland nach Großmähren (Slowakei). Kyrill entwickelte eine eigene Schrift, um die christliche Botschaft in slawischer Sprache niederschreiben zu können. Diese Schrift ist heute als »Kyrillische Schrift« bekannt.

b. Die Missionierung der Russen und Polen

Im Jahr 955 wurde die Großfürstin Olga (890–69) von Kiew getauft, mit der die Christianisierung Russlands begann. Im Jahr 966 folgte die Taufe Herzog Mieszkos I. (945–992) von Polen. Im Jahr 988 kam es in Konstantinopel zur Taufe des Großfürsten Wladimir (960–1015), die zur Verbindung zwischen der byzantinischen und der slawischen Kirche führte.

c. Die Missionierung der Ungarn

Im Jahr 985 empfing der junge Fürst Stephan (997–1038) von Ungarn die Taufe. Nach seiner Thronbesteigung bemühte er sich um die Christianisierung seines Landes. Durch sie kam es zur Integration der Ungarn in das Abendland. An König Stephan erinnert die Stephanskrone, die im Nationalmuseum von Budapest zu sehen ist.

DAS HEILIGE RÖMISCHE REICH DEUTSCHER NATION

1. DAS BÜNDNIS ZWISCHEN PAPSTTUM UND FRANKENREICH

a. Der Aufstieg der Karolinger

Im 8. Jahrhundert kam es zum Aufstieg der Dynastie der Karolinger. Die Karolinger waren ursprünglich die Hausmeier (Verwalter) der Dynastie (Herrscherfamilie) der Merowinger gewesen. Durch ihre Tüchtigkeit und Tatkraft wurden sie zunehmend zu den eigentlichen Führern des Frankenreiches.

b. Karl Martell und der Sieg von Poitiers

Im Jahr 732 gelang es dem Karolinger Karl Martell (691–741) (lat. *martellus*: »der Hammer«), ein arabisches Heer, das über die Pyrenäen in das Frankenreich eingedrungen war, bei Poitiers zu schlagen. Dieser Sieg stärkte die Macht der fränkischen Hausmeier und steigerte das Ansehen der Karolinger in ganz Europa.

c. Der Frankenkönig wird Patrizius Romanus

Im Jahr 751 zog Papst Stephan II. (752–757) über die Alpen und wandte sich an Pippin den Jüngeren (751–768), Karl Martells Sohn. Er bat um Hilfe gegen die Langobarden, die ihn in Rom bedrängten. Pippin sagte dem Papst seine Hilfe zu. Dafür krönte der Papst ihn zum König der Franken und ernannte ihn zum römischen Patrizier und zum Schutzherrn der Kirche.

d. Die Gründung des Kirchenstaates

Pippin zog nun gegen die Langobarden zu Felde. Nachdem er sie besiegt hatte, schenkte er dem Papst das Gebiet, das er ihnen abgenommen hatte. Es handelte sich dabei um das ehemalige oströmische Gebiet von Ravenna und das Gebiet von Rom. Diese Gebiete bildeten die Grundlage des Kirchenstaates.

2. KARL DER GROSSE

a. Karls des Großen Leitideen

Im Jahr 768 wurde Karl der Große (768–814) zum König des Frankenreiches ausgerufen. Er strebte die Schaffung eines germanischen Großreiches an. Der König bewunderte die römische Kultur und wusste um die Bedeutung der christlichen Religion. Auf diese Weise wurden die antike Kultur, das Römertum, das Germanentum und das Christentum zu den Leitideen seiner Herrschaft.

b. Die Unterwerfung der germanischen Stämme

Karl der Große unternahm zahlreiche Feldzüge, um die germanischen Stämme zu unterwerfen und zu einigen. Er besiegte zunächst die Langobarden unter ihrem König Desiderius. Dann bezwang er in jahrelangen Kriegen die Sachsen unter der Führung ihres mutigen Herzogs Widukind. Schließlich unterwarf er auch die Bajuwaren unter Herzog Tassilo III.

c. Das Blutbad von Verden

Bei den Kriegen gegen die Sachsen kam es 782 auch zum »Blutbad von Verden«. Nach einem Aufstand der Sachsen zwang Karl der Große 4 500 Sachsen zur Taufe und ließ sie dann hinrichten. Dieser grausame Akt führte dazu, dass man Karl den Großen auch den »Sachsenschlächter« nannte. Die Zahl der Opfer wird von der modernen Forschung angezweifelt.

d. Die Sicherung des Reiches

Karl der Große bemühte sich auch, die äußeren Grenzen des Reiches zu sichern. Er zog über die Pyrenäen bis zum Ebro und errichtete eine Grenzmark gegen die Araber. Karl der Große unterwarf auch die heidnischen Awaren, die in die ungarische Tiefebene eingedrungen waren. Er besiegte sie und errichtete auch im Osten eine Grenzmark.

3. DIE GRÜNDUNG DES HEILIGEN RÖMISCHEN REICHES

a. Karl der Große und Leo III.

Im Jahr 800 zog Karl der Große nach Rom und wurde dort von Papst Leo III. (795–816) als Schutzherr der Kirche empfangen. Während des Gottesdienstes zu Weihnachten krönte Leo III. in der alten Peterskirche Karl den Großen zum Kaiser des Weströmischen Reiches, aus dem dann im 10. Jahrhundert das Heilige Römische Reich Deutscher Nation hervorging.

b. Die Grundlagen des Heiligen Römischen Reiches Deutscher Nation

Das Heilige Römische Reich Deutscher Nation gründete auf der geistigen Macht des römischen Papsttums und auf der weltlichen Macht des deutschen Kaisertums. Die geistigen Grundlagen bildeten die christliche Religion und das kulturelle Erbe des antiken Roms. Das Reich war ein übernationales Reich und vereinigte verschiedene Völker Europas.

DIE REICHSKIRCHENPOLITIK UND DIE REFORM VON CLUNY

1. DIE REICHSKIRCHENPOLITIK

a. Otto I. begründet die Reichskirchenpolitik

In der Zeit der sächsischen Kaiser (10. Jahrhundert) kam es zur Entstehung der Reichskirchenpolitik. Kaiser Otto der Große (936–973) hatte große Schwierigkeiten mit den verschiedenen Herzögen des Reiches. Der Kaiser beschloss deshalb, anstelle der unzuverlässigen Herzöge mehrere Bischöfe in die Reichspolitik zu berufen.

b. Die Einsetzung der Fürstbischöfe

Kaiser Otto begann, verschiedene Bischöfe als Fürsten einzusetzen. Diese Bischöfe sollten neben ihrer geistlichen Herrschaft auch die politische Herrschaft in ihrem Gebiet übernehmen. Auf diese Weise wurden viele Bischöfe zu Fürstbischöfen, die neben ihrem geistlichen Auftrag auch einen weltlichen Auftrag zu erfüllen hatten.

c. Die Kirche im Dienst der Politik

Der Kaiser bediente sich also kirchlicher Männer für die politische Herrschaft in seinem Reich. Diese neue Politik wird als »Reichskirchenpolitik« bezeichnet. Die Einsetzung der Fürstbischöfe hatte für den Kaiser zwei offensichtliche Vorteile: Die

Bischöfe waren aufgrund ihrer Einstellung verlässlich und hatten keine dynastischen Interessen.

d. Abhängigkeit und Niedergang der Kirche

Die Reichskirchenpolitik führte zu einer zunehmenden Abhängigkeit der Kirche vom Reich. Die Einsetzung der Bischöfe und die Wahl der Äbte geschah häufig durch die weltliche Obrigkeit und erfolgte vorwiegend nach politischen Gesichtspunkten. Die Bischöfe und Äbte widmeten sich oft mehr der Politik als der Seelsorge. Die Klöster erhielten oft reiche Schenkungen durch den Kaiser und Privatpersonen.

e. Die Verweltlichung der Klöster

Diese Schenkungen führten häufig zu einer Missachtung der mönchischen Armut. In vielen Klöstern bewirkte der Wohlstand auch einen Rückgang der klösterlichen Zucht. Auf diese Weise kam es in vielen Abteien zu einer fortschreitenden Säkularisierung (Verweltlichung). Die Folge dieser Fehlentwicklungen war ein zunehmender Niedergang der Kirche.

2. DIE REFORM VON CLUNY

a. Die Unabhängigkeit des Klosters Cluny

Diese Verfallserscheinungen der Kirche führten zur Reformbewegung von Cluny. Das Kloster Cluny wurde 910 in Südburgund in Frankreich gegründet. Es war direkt dem Papst unterstellt und somit von der weltlichen Macht unabhängig. Diese Unabhängigkeit ermöglichte die Rückbesinnung auf die geistliche Sendung des Klosters.

b. Die Wiederherstellung der Klosterzucht

Im Kloster von Cluny wurde die ursprüngliche Klosterzucht (Klosterdisziplin) wiederhergestellt. Unter der weisen Führung des Abtes Odilo von Cluny (994–1049) konnte die Säkularisierung (Verweltlichung) überwunden werden. In der Folge wurden dem Kloster Cluny etwa tausend Klöster in ganz Europa unterstellt, in denen diese Reform durchgeführt wurde.

c. Die politischen Auswirkungen

Zunächst war die Cluniazensische Reform eine rein religiöse Bewegung. Als diese Reform aber die völlige Unabhängigkeit der Klöster und der Kirche von der weltlichen Macht anstrebte, um die schädlichen Einflüsse der weltlichen Herren auszuschalten, stellte sie mit ihren Forderungen die gesamte Reichskirchenpolitik infrage.

d. Die wirtschaftlichen Auswirkungen

Die Cluniazensische Reform stellte aber auch das Wirtschaftssystem des Eigenkirchenwesens infrage. Nach germanischem Recht konnte der weltliche Herr auch Abgaben von den Klöstern auf seinem Gebiet verlangen. Durch die Unabhängigkeit der Klöster brauchten diese nun keine Abgaben mehr zu bezahlen und gefährdeten so das Wirtschaftssystem.

e. Der künftige Konflikt zwischen Kirche und Staat

Die Cluniazensische Reform stellte sich mit ihrem Streben nach der Unabhängigkeit der Kirche und der Klöster gegenüber dem Kaiser und den Landesherren der Reichskirchenpolitik und dem Wirtschaftssystem des Eigenkirchenwesens entgegen. Es war daher vorauszusehen, dass es aufgrund der Cluniazensischen Reform zu einem Konflikt zwischen dem Kaiser und der Kirche kommen würde.

DER INVESTITURSTREIT

1. DER STREIT ZWISCHEN KAISER UND PAPST

a. Kaiser Heinrich IV. gegen Papst Gregor VII.

Im 11. Jahrhundert. kam es zu einem erbitterten Streit zwischen Kaiser Heinrich IV. (1056–1106) und Papst Gregor VII. (1073–1085), der unter dem Namen »Investiturstreit« in die Geschichte eingegangen ist. Bei diesem Streit ging es um die Einsetzung der Bischöfe (Investitur = Einkleidung, d. h. Verleihung des Bischofsamtes).

b. Der Kampf um die Einsetzung der Bischöfe

Heinrich IV. beanspruchte für sich das Recht, die Bischöfe im Interesse der Reichspolitik einzusetzen. Gregor VII. hingegen vertrat den Standpunkt, dass deren Einsetzung nicht die Angelegenheit des Kaisers, sondern diejenige des Papstes und der Kirche sei. Dieser Konflikt war eine Folge der Reichskirchenpolitik, aber auch der Cluniazensischen Reform.

c. Das Verbot der Laieninvestitur

Heinrich IV. setzte auf sehr eigenmächtige Weise die Bischöfe als Fürsten ein. Ihm widersetzte sich Gregor VII., der früher selbst als Mönch in Cluny gelebt hatte. Gregor VII. verbot die Einsetzung der Bischöfe durch den Kaiser und erklärte, dass ein Laie keine Bischöfe einsetzen dürfe.

d. *Die Anordnung des Papstes*

Gregor VII. bestimmte in seinem Werk *Dictatus papae* (»Strikte Anordnung des Papstes«), dass die Einsetzung der Bischöfe ausschließlich eine Sache des Papstes und der Kirche sei. Mit dieser Anordnung wandte sich der Papst ausdrücklich gegen den Kaiser und gegen die Reichskirchenpolitik.

e. *Die Absetzung des Papstes durch Heinrich IV.*

Heinrich IV. hielt sich aber nicht an die Anordnung des Papstes und setzte weiterhin Bischöfe ein. Daraufhin drohte Gregor VII. ihm mit dem Bann. Heinrich IV. berief nun die deutschen Bischöfe zu einer Nationalsynode (Synode = Zusammenkunft) nach Worms. Auf der Synode wurde der Papst durch Beschluss der deutschen Bischöfe für abgesetzt erklärt.

f. *Der Bann des Kaisers durch Gregor VII.*

Gregor VII. sprach nun den Bann über den Kaiser aus. Damit war der Kaiser exkommuniziert, d. h. aus der Gemeinschaft der Kirche ausgeschlossen. Der Bann hatte aber auch zur Folge, dass alle Untertanen des Kaisers vom Treueeid gegenüber dem Herrscher entbunden waren. Damit verlor der Kaiser jegliche politische Autorität und konnte nicht mehr regieren.

2. DER GANG NACH CANOSSA

a. *Heinrich IV. als Büßer in Canossa*

Daraufhin zog Kaiser Heinrich IV. im Winter 1076/1077 über die Alpen nach Italien, um vom Papst die Lösung vom Bann zu erlangen. Gregor VII. befand sich zu dieser Zeit auf der Bergfestung von Canossa in der Emilia Romagna. Nach einer sehr strapaziösen Reise erreichte der Kaiser die Festung von Canossa in den Apenninen.

b. Die Lösung des Bannes

Heinrich IV. bat den Papst drei Tage lang um die Lösung des Bannes. Der junge Kaiser ging in einem Bußgewand und barfuß im Schnee immer wieder um die Burg von Canossa herum und rief die Barmherzigkeit des Papstes an. Schließlich sprach Gregor VII. ihn vom Bann los.

c. Das Versprechen des Kaisers

Heinrich IV. versprach dem Papst, auf die Investitur von Bischöfen und die Simonie (Verkauf geistlicher Ämter) zu verzichten. Nach diesem Versprechen kam es zur Versöhnung zwischen Papst und Kaiser. Daraufhin kehrte der Kaiser nach Deutschland zurück und konnte nach der Lösung des päpstlichen Bannes wieder die Regierungsgeschäfte übernehmen.

3. DIE FORTSETZUNG DES STREITS

a. Der zweite Bann über den Kaiser

Kaiser Heinrich IV. hielt sich aber nicht an das Versprechen und setzte gleich wieder Bischöfe ein. Daraufhin sprach der Papst ein zweites Mal den Bann über ihn aus. Der Kaiser zog nun mit mehreren deutschen Bischöfen und einem Heer in Richtung Italien. Auf einer Synode in Brixen wurde der Papst für abgesetzt erklärt. Gleichzeitig wurde ein deutscher Gegenpapst, nämlich Clemens III. (1084–1100), gewählt.

b. Der Kampf zwischen Kaiser und Papst

Heinrich IV. zog mit dem Gegenpapst nach Rom, um ihn dort zu inthronisieren. Gregor VII. verschanzte sich in der Engelsburg. Gleichzeitig schickte er einen Boten zum Normannenherzog Robert Guiskard (1059–1085) nach Süditalien und bat ihn um Hilfe gegen den Kaiser. Die Normannen marschierten in Rom ein und vertrieben den Kaiser.

c. Der Tod des Papstes

Da die Normannen aber in der befreiten Stadt Rom wüteten, kam es zu einem Volksaufstand gegen Gregor VII. Der Papst konnte sich nur durch eine überstürzte Flucht vor der Wut der Römer retten. Seine Flucht führte ihn bis nach Salerno südlich von Neapel. Dort starb er einsam und verbittert im Jahr 1085.

4. DAS WORMSER KONKORDAT (1122)

a. Der Kompromiss zwischen Kirche und Staat

Der Investiturstreit ging auch unter Gregors VII. und Heinrichs IV. Nachfolgern noch einige Jahrzehnte weiter. Erst im Jahr 1122 konnte unter Papst Calixtus II. (1119–1124) und Kaiser Heinrich V. (1106–1125) durch das Wormser Konkordat (Abkommen) ein Kompromiss zwischen Papst und Kaiser geschlossen werden.

b. Die Trennung der Insignien

Papst und Kaiser einigten sich darauf, dass bei der Investitur eines Bischofs die Insignien (Zeichen bzw. Symbole) der geistlichen und weltlichen Macht getrennt wurden. Nach der kirchlichen Wahl eines Bischofs erhielt dieser bei der Bischofsweihe von der Kirche den Ring und den Stab als Zeichen seiner kirchlichen Macht; anschließend erhielt er vom Kaiser das Zepter als Zeichen seiner fürstlichen Macht.

c. Die Folgen des Investiturstreits

Der Investiturstreit hatte zwei weitreichende Folgen: Es kam zur Freiheit der Kirche gegenüber dem Staat und zum Ende des Bündnisses von Papst und Kaiser. Damit ging aber die geistig-politische Grundlage verloren, auf der das Hochmittelalter in Europa aufgebaut war. Nach dem Investiturstreit kam es nie wieder zur früheren Einheit zwischen Papst und Kaiser. Auf diese Weise wurde der Investiturstreit zum Wendepunkt des Mittelalters.

DIE MITTELALTERLICHEN ORDEN

1. DIE ERNEUERUNG DURCH DIE ORDEN

Die mittelalterlichen Orden waren eine Antwort auf die Nöte der Zeit. Die Orden führten zur Erneuerung der Spiritualität, des Gebets und der Verkündigung. Sie förderten die Moral und die soziale Einstellung. Die Klöster belebten die Kultur und förderten die Bildung. Sie nahmen sich der Armen an und bemühten sich um Frieden und Versöhnung.

2. DAS GEGENGEWICHT ZUR WELT

Die verschiedenen Orden waren auch ein Gegengewicht zur Welt. Mit ihren drei Gelübden der Armut, des Gehorsams und der Keuschheit wandten sie sich gegen die drei Laster des übermäßigen Reichtums, des Eigenwillens und der Unzucht. Ihr religiöses Zeugnis erinnerte die Menschen daran, dass das Ziel des Menschen jenseits dieser Welt liegt.

DIE EINZELNEN ORDEN

1. DIE KARTÄUSER

a. Gründer: hl. Bruno von Köln

Der hl. Bruno (1030–1101) stammte aus Köln und war Sohn einer Patrizierfamilie. Bruno führte mit mehreren Gefährten ein Einsiedlerleben im Chartreuse-Gebirge in Frankreich. Im Jahr 1090 wurde er von Papst Urban II. als Berater nach Rom berufen. Von dort zog er nach Kalabrien, wo er in La Torre eine weitere Kartause gründete.

b. Der Kartäuserorden

Der Kartäuserorden wurde im Jahr 1084 als Eremitenorden (Einsiedlerorden) gegründet. Jeder Mönch hatte innerhalb der Klosteranlage sein eigenes Häuschen, in dem er als Einsiedler lebte. Die Kartäuser bemühten sich, Gott in der Einsamkeit und im Schweigen zu finden. Die Kartäuser waren aber auch ein Bußorden, der sich durch strenges Fasten auszeichnete.

2. DIE ZISTERZIENSER

a. Gründer: hl. Robert von Cîteaux

Der hl. Robert von Cîteaux (1028–1111) stammte aus der Champagne in Frankreich. Er war Abt einer Benediktiner-Abtei und versuchte, die nachlässige Gemeinschaft zu reformieren. Nachdem er damit keinen Erfolg hatte, gründete er mit einigen Gefährten in der einsamen Waldgegend von Cîteaux ein eigenes Kloster, das zum Stammkloster der Zisterzienser wurde.

b. Der Zisterzienserorden

Der Zisterzienserorden wurde im Jahr 1098 gegründet. Die Zisterzienser strebten nach einer großen Einfachheit in der Liturgie und im Lebenswandel der Mönche. Der bekannteste Vertreter der Zisterzienser in der Zeit des Mittelalters war der hl. Bernhard von Clairvaux (1090–1153) der 67 neue Klöster gründete und als Kreuzzugsprediger wirkte.

3. DIE KARMELITEN

a. Gründer: hl. Berthold vom Berg Karmel

Der hl. Berthold vom Berg Karmel († 1195) stammte aus Frankreich. Er kam als Kreuzritter in das Heilige Land und entschloss sich dort, Ordensmann zu werden. Er begab sich 1155 auf den Berg Karmel und gründete dort eine Gemeinschaft von Männern, die in einfachen Holzhütten als Eremiten lebten. Fünfundvierzig Jahre lang stand er als Abt der Eremitengemeinschaft vor.

b. Der Karmeliterorden

Die Karmeliter wurden 1207 als Orden anerkannt und nannten sich »Orden der Brüder der allerseligsten Jungfrau Maria vom Berge Karmel«. Das Vorbild der Karmeliter war der Prophet Elias, der selbst längere Zeit auf dem Berg Karmel gelebt hatte. Die Karmeliten führten ein kontemplatives (beschauliches) und asketisches (strenges) Leben.

4. DIE DOMINIKANER

a. Gründer: hl. Dominikus

Der hl. Dominikus (1170–1221) stammte aus Spanien und war Priester. Bei einer Reise nach Südfrankreich traf er auf die Sekte der Katharer. Er stellte fest, dass die tiefere Ursache für den Zulauf zu dieser Sekte das ausschweifende Leben und die theologische Unwissenheit des katholischen Klerus war. Daraufhin gründete er einen Bettelorden von gelehrten Predigern.

b. Der Dominikanerorden

Der Dominikanerorden wurde 1216 gegründet. Schwerpunkt der Dominikaner war die Predigt. Bekannte Vertreter des Dominikanerordens in der Zeit des Mittelalters sind der hl. Albertus Magnus (1207–1280) und der hl. Thomas von Aquin (1224–1274). In enger Beziehung zu den Dominikanern stand auch die hl. Katharina von Siena (1347–1380).

5. DIE FRANZISKANER

a. Gründer: hl. Franziskus

Der hl. Franziskus (1181–1226) stammte aus Assisi in Mittelitalien. Er wuchs in einer reichen Kaufmannsfamilie auf und führte in seiner Jugend ein sehr weltliches Leben. Nach einem Bekehrungserlebnis entschied er sich für ein Leben in der radikalen Nachfolge Christi. Er verzichtete auf den Reichtum und begann, als Bettelmönch das Evangelium zu verkünden.

b. Der Franziskanerorden

Der Franziskanerorden wurde 1223 gegründet. Die Schwerpunkte des franziskanischen Ordens waren die Liebe, die Demut und die Armut. Bekannte Franziskaner in der Zeit des Mittelalters sind der hl. Antonius von Padua (1195–1231), der hl. Bonaventura (1221–1274) und der hl. Duns Scotus (1270–1308).

6. DIE KLARISSEN

a. Gründerin: hl. Klara

Die hl. Klara (1194–1253) wurde in Assisi geboren und stammte aus einer adeligen Familie. Durch das Vorbild des hl. Franziskus angeregt, entschloss sie sich im Jahr 1212, ihr reiches Elternhaus zu verlassen. In der Kirche von San Damiano legte sie die drei Ordensgelübde ab. Sie wurde zur Gründerin des weiblichen Zweiges der Franziskanischen Bewegung.

b. Der Klarissenorden

Die Klarissen wurden 1253 als Klausurorden (Orden in einem unzugänglichen Kloster) anerkannt. Ihr Schwerpunkt war das kontemplative Leben. Der Orden bemühte sich auch um eine radikale Armut und versuchte in allem, die Ratschläge des Evangeliums zu beachten.

Die mittelalterlichen Orden der Kartäuser, Zisterzienser, Karmeliter, Dominikaner, Franziskaner und Klarissen gibt es heute noch. Sie haben vom Mittelalter bis in unsere Zeit hinein das Evangelium in einer sehr glaubwürdigen Weise gelebt und mit ihrem speziellen Charisma sehr segensreich zum Wohl der Menschen gewirkt.

DAS MORGENLÄNDISCHE SCHISMA

1. DIE TRENNUNG DER CHRISTENHEIT

Im 11. Jahrhundert kam es zur Trennung der Christenheit in die morgenländische und die abendländische Kirche. Diese Trennung wird als »Morgenländisches Schisma« (griech. *schisma:* »Trennung, Spaltung«) bezeichnet. Der Trennung waren jahrhundertelange machtpolitische, kirchliche und theologische Auseinandersetzungen vorausgegangen.

2. DIE VORGESCHICHTE DER TRENNUNG

a. Die Teilung des Reiches unter Kaiser Diokletian

Die Trennung von West und Ost begann bereits in der Zeit des Römischen Reiches. Kaiser Diokletian hatte im Jahr 284 die Teilung des Römischen Reiches in vier Teile angeordnet. Diese Teilung führte in der Folge zu einer Spaltung des Reiches in ein Weströmisches und ein Oströmisches Reich.

b. Die Verlegung der Hauptstadt unter Kaiser Konstantin

Ein weiterer Schritt zur Trennung von West und Ost erfolgte unter Kaiser Konstantin. Dieser Kaiser verlegte 330 die Hauptstadt des Reiches von Rom nach Konstantinopel und leitete damit die Vorherrschaft des Ostens über den Westen ein. Im Jahr

476 kam es zum Ende des Weströmischen Reiches und damit zu einer völligen Schwächung des Abendlandes.

c. Die Herrschaft der oströmischen Kaiser

Im 6. Jahrhundert herrschten unter Kaiser Justinian (527–565) die oströmischen Kaiser über die Stadt Rom. Die Päpste wurden in dieser Zeit zu Untertanen von Ostrom. Dieser Unterdrückung durch die oströmische Herrschaft widersetzten sich mehrere Päpste, die daraufhin von Ostrom verfolgt wurden.

d. Die kirchlichen Auseinandersetzungen

Im Laufe der Jahrhunderte wurde auch wiederholt ein Machtkampf zwischen den Patriarchen von Konstantinopel und den Päpsten in Rom ausgetragen. Einen traurigen Höhepunkt erreichte dieser Konflikt, als Patriarch Photios I. (858–867; 878–886) die westliche Kirche wegen zweitrangiger Fragen anklagte und die Absetzung des Papstes forderte.

e. Die theologischen Auseinandersetzungen

Zwischen der Ost- und Westkirche gab es auch mehrere theologische Auseinandersetzungen. Beim sogenannten »Bilderstreit« ging es um die Erlaubtheit der Verehrung von sakralen Bildern. Ein weiterer Streit entbrannte über die Frage, ob der Heilige Geist vom Vater und vom Sohn ausgeht, um damit die Wesensgleichheit von Vater und Sohn zu betonen.

3. DER VOLLZUG DER TRENNUNG

a. Patriarch Michael Kerullarios

Der oströmische Patriarch Michael Kerullarios (1000–1059) erneuerte die Vorwürfe gegen die abendländische Kirche und ließ die Kirchen der Abendländer in Konstantinopel schließen. Papst Leo IX. (1049–1054) suchte den Frieden und schickte 1054 eine Gesandtschaft unter der Führung des Kardinals Humbert von Silva Candida (1015–1061) nach Konstantinopel.

b. Der gegenseitige Bann der beiden Kirchen

Der Patriarch weigerte sich, die römischen Gesandten zu empfangen. Daraufhin begaben sich die Gesandten in die Kirche der Hagia Sophia. Dort legte Kardinal Humbert am 16. Juli 1054 in Anwesenheit des Klerus und des Volkes die Bannbulle gegen den Patriarchen auf den Hochaltar. Kurz darauf sprach der Patriarch den Bann gegen die abendländischen Gesandten aus.

c. Die orthodoxe Kirche

Der gegenseitige Bannspruch führte zum Bruch zwischen der morgenländischen und abendländischen Kirche. Die morgenländische Kirche wurde von da an als orthodoxe, die abendländische Kirche als katholische oder lateinische Kirche bezeichnet. Die orthodoxe Kirche spaltete sich später in die griechisch-orthodoxe und in die russisch-orthodoxe Kirche.

4. DIE FOLGEN DER TRENNUNG

Die Spaltung der östlichen und westlichen Kirche führte zu einer jahrhundertelangen Feindschaft. Das zeigte sich vor allem beim vierten Kreuzzug, bei dem die abendländischen Kreuzritter die Stadt Konstantinopel eroberten und deren Kirchen plünderten. Bei den Konzilien von Lyon (1274) und Florenz (1439) kam es zu Einigungsversuchen, die aber scheiterten.

DIE ZEIT DER KREUZZÜGE

1. DIE GRÜNDE FÜR DIE KREUZZÜGE

Eine sehr bewegte Zeit der Kirchengeschichte war auch die Zeit der Kreuzzüge. Es waren sowohl geschichtliche und politische als auch religiöse Gründe, die zu diesen Kämpfen führten, die fast zwei Jahrhunderte dauerten.

a. Die gewaltsamen Eroberungen der Muslime

Die Muslime hatten im 7. und 8. Jahrhundert riesige Gebiete von Marokko bis Persien gewaltsam erobert. Zu diesen Gebieten gehörten auch viele christliche Länder wie das Heilige Land, Kleinasien, Nordafrika und Spanien. Die eroberten christlichen Gebiete waren mehr als hundertmal größer als das Heilige Land, das die Kreuzritter zurückerobern wollten. Die Christen waren in den muslimischen Ländern Bürger zweiter Klasse und wurden verfolgt.

b. Die Bedrohung von Konstantinopel

Im 11. Jahrhundert wurde die christliche Stadt Konstantinopel ernsthaft von den Türken bedroht. Der oströmische Kaiser Alexios I. (1081–1118) wandte sich an Papst Urban II. (1088–1099) und bat ihn verzweifelt um Hilfe gegen die drohende Eroberung durch die Türken. Die spätere Geschichte hat dann gezeigt, dass die Angst berechtigt war: 1453 wurde Konstantinopel von den Türken erobert, 1529 und 1683 standen die Türken vor Wien.

c. Die Synode von Clermont

Im Jahr 1095 fand in der französischen Stadt Clermont eine Synode vor dem französischen Adel statt. Bei dieser Gelegenheit wandte sich Papst Urban II. (1088–1099) in einer berühmten Rede an die christlichen Staaten: Er wies darauf hin, dass es aufgrund der Bedrohung durch die Türken notwendig sei, diese an einer weiteren Expansion zu hindern.

d. Die Zielsetzungen des Papstes

Aus der Rede Urbans II. geht hervor, dass der Papst bei den Kreuzzügen den Schutz und die Befreiung der bedrohten Christenheit und der Pilgerwege im Orient vor Augen hatte. Er wandte sich an die französischen Ritter und rief sie zum Kreuzzug auf. Sein Aufruf *Deus lo vult!* (»Gott will es!«) hallte in ganz Europa wider und führte dazu, dass aus mehreren europäischen Staaten viele Ritter zum Kreuzzug in das Heilige Land aufbrachen.

2. DER VERLAUF DER KREUZZÜGE

Erster Kreuzzug (1096–1099)

Der erste Kreuzzug unter Gottfried von Bouillons (1060–1100) Führung endete mit der Eroberung der Stadt Jerusalem. Es gab ein großes Gemetzel unter der Zivilbevölkerung, die Kreuzritter wateten »knöcheltief im Blut«. Dieses Blutbad unter der Zivilbevölkerung widersprach jeder christlichen und ritterlichen Gesinnung.

Zweiter Kreuzzug (1147–1149)

Der zweite Kreuzzug erfolgte nach einem Aufruf durch den hl. Bernhard von Clairvaux (1090–1153), der damals in ganz

Europa bekannt war. Das Kreuzfahrerheer wurde von Ludwig VII. (1137–1180) von Frankreich und von Konrad III. (1138–1152) von Deutschland angeführt. Der Kreuzzug endete mit mehreren Niederlagen der Kreuzritter.

Dritter Kreuzzug (1189–1192)

Der dritte Kreuzzug stand unter Führung Kaiser Friedrichs I. (1155–1190), genannt Barbarossa, des Königs Philipp II. August von Frankreich (1180–1223) und des englischen Königs Richard Löwenherz (1189–1199). Nach Kaiser Friedrichs I. Tod in Kleinasien schloss König Richard einen Waffenstillstand mit Sultan Saladin (1171–1193) und erlangte die Erlaubnis, dass christliche Pilger die heiligen Stätten besuchen durften.

Vierter Kreuzzug (1202–1204)

Der vierte Kreuzzug führte zu einem Krieg der Kreuzritter gegen die Stadt Konstantinopel, die seit dem Morgenländischen Schisma (1054) als feindliche Stadt betrachtet wurde. Bei der Eroberung kam es zu einem Blutbad unter der Bevölkerung und zur Plünderung der Hagia Sophia und vieler anderer Kirchen. Dies führte zur Errichtung des »Lateinischen Kaisertums« unter der Oberherrschaft Venedigs, das bis 1261 dauerte.

Kinderkreuzzug (1212)

Ein Kreuzzug besonderer Art war der sogenannte »Kinderkreuzzug«. Im Frühjahr 1212 brachen Tausende Kinder und Jugendliche aus Frankreich und Deutschland zu einem »Pilgerzug« in das Heilige Land auf, »um das Kreuz Christi wiederzugewinnen«. Das Unternehmen scheiterte kläglich, die meisten Kinder und Jugendlichen kamen um, viele gerieten in Gefangenschaft und Sklaverei.

Fünfter Kreuzzug (1228–1229)

Der fünfte Kreuzzug stand unter der Führung von Kaiser Friedrich II. (1220–1250). Der Kaiser aus dem Haus der Staufer zog in das Heilige Land und schloss einen Vertrag mit dem Sultan al-Kamil (1218–1238), der den christlichen Pilgern den Zugang zu Jerusalem, Bethlehem und Nazareth ermöglichte. Friedrich II. wurde zum König von Jerusalem gekrönt.

Sechster Kreuzzug (1248–1254) und siebter Kreuzzug (1270)

Der sechste und siebte Kreuzzug wurden von König Ludwig IX. (1226–1270) von Frankreich unternommen. Beide Kreuzzüge scheiterten: Das erste Mal geriet der französische König in Gefangenschaft, aus der er aber wieder freikam. Das zweite Mal erlitt Ludwig eine vernichtende Niederlage. Er starb an einer Seuche, die auch sein Heer dezimiert hatte.

3. DIE AUSWIRKUNGEN DER KREUZZÜGE

a. Die Erweiterung der Kenntnisse

Die Kreuzzüge führten zu einer Erweiterung der geografischen und nationalen Kenntnisse, sie ermöglichten jedoch auch eine Berührung mit der byzantinischen und arabischen Kultur. Über die Kreuzzüge erreichten verschiedene kulturelle und zivilisatorische Kenntnisse aus dem Orient das Abendland (Philosophie, Architektur, Mathematik, Technik, Medizin).

b. Die Belastung zwischen Muslimen und Christen

Die Kreuzzüge belasten bis heute das Verhältnis zwischen Muslimen und Christen. Die Muslime betrachten die Kreuzzüge als die eigentliche Ursache späterer Kriege zwischen Christen und

Muslimen. Die Muslime bezeichnen die westlichen Soldaten heute noch als »Kreuzritter« und versuchen damit, eine entsprechend feindliche Stimmung zu entfachen.

c. Die Belastung zwischen Orthodoxen und Katholiken

Der vierte Kreuzzug, bei dem christliche Kreuzritter das christliche Konstantinopel erobert und geplündert hatten, stellt bis heute eine gewisse Belastung zwischen Katholiken und Orthodoxen dar. Papst Johannes Paul II. hat die Orthodoxen mehrmals um Vergebung dieser Untaten der Kreuzritter gebeten.

DIE RITTERORDEN

1. DAS WESEN DER RITTERORDEN

a. Mönche und Ritter

In der Zeit der Kreuzzüge wurden mehrere große Ritterorden gegründet. Die bekanntesten dieser Ritterorden waren der Johanniterorden, der Templerorden und der Deutsche Orden. Die Ritterorden strebten nach einer Verbindung des mönchischen mit dem ritterlichen Ideal.

b. Das mönchische Ideal

Die Mitglieder der Ritterorden waren in erster Linie Mönche, die die Gelübde der Armut, des Gehorsams und der Keuschheit ablegten. Diese Mönche waren bereit, sich überall für die Verbreitung des Christentums einzusetzen. Sie hatten den besonderen Auftrag, das Christentum auch in fernen Ländern zu verkünden.

c. Das ritterliche Ideal

Die Mitglieder dieser Orden waren auch Ritter. Zu ihren Aufgaben gehörten die Verteidigung des Glaubens, der Schutz der Bedrängten, der Witwen und Waisen. Sie setzten sich auch im karitativen Bereich ein und widmeten sich der Krankenpflege. Die Ritter fühlten sich dazu berufen, das Heilige Land zurückzuerobern und zu verteidigen.

2. DIE ZIELSETZUNGEN DER RITTERORDEN

a. Die Betreuung der Pilger im Heiligen Land

Die Ritterorden waren ursprünglich dazu gegründet worden, die Sicherheit und die Versorgung der Pilger im Heiligen Land zu gewährleisten. Sie schützten die Pilger während ihres Aufenthaltes im Heiligen Land. Sie bauten eigene Hospize für die Pilger und begleiteten sie zu den verschiedenen Stätten des christlichen Glaubens.

b. Die Eroberung des Heiligen Landes

Erst zu einem späteren Zeitpunkt wurden sie zu den Eroberern des Heiligen Landes. Sie waren maßgeblich an den Kreuzzügen beteiligt und kämpften in verschiedenen Schlachten. Die Kreuzritter erbauten auch mächtige Festungen im Heiligen Land. Sie waren bereit, für das Heilige Land zu kämpfen und zu sterben.

3. DER JOHANNITERORDEN

a. Die Gründung des Johanniterordens

Der Johanniterorden wurde 1048 in Jerusalem gegründet. Die ursprüngliche Aufgabe dieses Ordens war es, die Pilger im Heiligen Land zu schützen und die Kranken zu pflegen. Der Orden gründete in Jerusalem ein eigenes Krankenhauses, das dem hl. Johannes geweiht war. Von diesem Krankenhaus stammte auch der Name »Johanniter« bzw. »Hospitaliter«.

b. *Die Entstehung des Ritterordens*

Ab 1130 entwickelte sich der Johanniterorden zu einem Ritterorden, der sich für die Eroberung des Heiligen Landes einsetzte. Er baute verschiedene Festungen und widmete sich dem Grenzschutz. Die Johanniter kämpften auch in der Schlacht bei Hattin (1187), in der das Heer der Kreuzritter von Sultan Saladin (1171–1193) vernichtend geschlagen wurde.

c. *Die späteren Aufgaben des Ordens*

Nach dem Ende der Kreuzzüge mussten die Johanniter sich aus dem Heiligen Land zurückziehen. Sie verschanzten sich in Zypern und auf Rhodos. Nachdem sie von dort vertrieben wurden, zogen sie auf die Insel Malta. Auf diesem vorgeschobenen Posten versuchten sie, die Stellung der Christen zu halten. Vom Namen dieser Insel stammt dann auch der Name »Malteserorden«.

4. DER TEMPLERORDEN

a. *Ein mächtiger Orden*

Der Templerorden wurde um 1120 in der Nähe des Tempelplatzes von Jerusalem gegründet. Auch dieser Orden hatte die Aufgabe, die Pilger im Heiligen Land zu schützen. Im Laufe der Zeit wurde er zu einem ungeheuer mächtigen Orden, der die abendländische Politik mitbestimmte. Der Orden verfügte über gewaltige Besitzungen und Reichtümer.

b. *Die Entmachtung des Templerordens*

Die Macht und der Reichtum des Templerordens war dem französischen König Philipp IV. (1285–1314) ein Dorn im Auge. Im Jahr 1307 verfügte er über die Entmachtung und den Einzug der Güter des Templerordens. 1312 erfolgte durch Papst Clemens V. (1305–1314) die Aufhebung des Ordens. 1314 wurden der Hochmeister Jacques de Molay (1244–1314) und andere Führer des Ordens verurteilt und verbrannt.

c. Die Legenden um den Templerorden

Die Templer waren auch Gegenstand mancher Sagen und Legenden: Die Templer seien die Hüter des Heiligen Grals (Gral = Gefäß, Kelch) gewesen, in dem der Sage nach das Blut Jesu aufbewahrt wurde. Mit dieser Sage ist auch das bekannte Epos von Parzival verbunden. Neben diesen Sagen über die Templer existieren auch esoterische und okkulte Legenden.

5. DER DEUTSCHE ORDEN

a. Der Einsatz für die Pilger

Der Deutsche Orden wurde 1190 in Akkon gegründet. Er widmete sich ursprünglich der Krankenpflege im Heiligen Land und errichtete dort auch mehrere Hospize, die der Aufnahme und Pflege der Pilger dienten. Ab 1198 gab es auch einen militärischen Zweig des Ordens, der während der Kreuzzüge an mehreren Feldzügen teilnahm.

b. Die Missionierung der Ostseeländer

Nach dem Ende der Kreuzzüge wurde der Deutsche Orden für die Missionierung der Ostseeländer Estland, Lettland und Litauen eingesetzt. Die Ordensritter germanisierten auch Ostpreußen, welches damals von Polen besiedelt war. Das Zentrum des Deutschen Ordens befand sich in der mächtigen Festung Marienburg.

c. *Die Niederlage des Deutschen Ordens*

Die Unterwerfung weiter polnischer und litauischer Gebiete durch den Deutschen Orden führte zu zunehmenden Konflikten zwischen Deutschen und Polen. Im Jahr 1410 wurde der Deutsche Orden von den vereinigten polnisch-litauischen Staaten in der Schlacht bei Tannenberg besiegt. Nach weiteren Niederlagen musste der Deutsche Orden das Land verlassen.

6. KLEINE STATISTIK DER KREUZZÜGE

Zum Abschluss eine kleine Statistik über die Kreuzzüge, die einen interessanten Einblick in ihre Größenordnung gewährt:

Beim ersten Kreuzzug waren 330 000 Ritter im Einsatz, beim zweiten Kreuzzug 240 000 Ritter, beim dritten Kreuzzug 350 000 Ritter, beim vierten Kreuzzug waren es 40 000 Ritter, beim fünften Kreuzzug 70 000 Ritter, beim sechsten Kreuzzug 25 000 Ritter und beim siebten Kreuzzug ebenfalls 25 000 Ritter. Insgesamt waren bei den Kreuzzügen 1 070 000 Ritter unterwegs, von denen aber nur 490 000 Mann im Heiligen Land ankamen (Quelle: Läpple, Alfred, *Kleine Kirchengeschichte,* Augsburg 2006, S. 101).

DAS EXIL VON AVIGNON

Mit dem Ende des Hochmittelalters ging die weltliche Vorherrschaft der Päpste in Europa zu Ende. Die aufsteigenden Nationalstaaten in Frankreich, Spanien und England kümmerten sich kaum noch um die Anweisungen der Päpste, sondern versuchten ihrerseits, die Päpste und die Kirche unter ihre Herrschaft zu bringen.

1. BONIFATIUS VIII. UND PHILIPP IV. VON FRANKREICH

a. Der universale Anspruch des Papstes

Papst Bonifatius VIII. (1294–1303) erhob im Jahr 1302 in seiner Bulle *Unam sanctam* den Anspruch der päpstlichen Weltherrschaft in geistlichen und weltlichen Angelegenheiten. Er beanspruchte nicht die tatsächliche weltliche Macht, sondern die Unterordnung der Monarchen unter den Papst.

b. Der Anschlag auf den Papst

Der französische König Philipp IV. (1285–1314) kümmerte sich wenig um den Anspruch des Papstes. Nach einem Streit mit dem Papst schickte er seinen Kanzler Wilhelm von Nogaret mit einigen Rittern nach Anagni in Italien. Die Ritter drangen in die päpstliche Residenz ein und attackierten den Papst. Kurze Zeit danach starb der Papst.

2. DAS EXIL VON AVIGNON

a. Die Päpste ziehen nach Frankreich

Im Jahr 1305 wurde ein Franzose zum Papst gewählt. Clemens V. (1305–1314) ließ sich in Lyon zum Papst krönen und zog dann in die südfranzösische Stadt Avignon. Der Papst geriet in die völlige Abhängigkeit des französischen Königs. Das Papsttum wurde zum Spielball der französischen Machtinteressen und verlor seine Autorität als überparteiliche Macht in Europa.

b. Der Prozess gegen die Templer

König Philipp IV. setzte Papst Clemens V. auch für seinen Kampf gegen den Templerorden unter Druck. Der König wollte vom Papst die Auflösung des Templerordens erzwingen, um die reichen Besitzungen des Ordens für die französische Krone zu beschlagnahmen. Clemens V. war zu schwach, um sich dem König zu widersetzen und löste den Orden 1312 auf.

c. Der Konflikt mit Kaiser Ludwig IV.

Der nächste Papst, Johannes XXII. (1316–1334), diente ebenfalls den Interessen des französischen Königs. Es kam zu heftigen Konflikten mit dem deutschen Kaiser Ludwig IV. (1328–1347), der sich nicht nur gegen den französischen Papst, sondern gegen das Papsttum als solches wandte. Der Kaiser verlangte die Einberufung eines allgemeinen Konzils, das den Papst absetzen sollte.

d. Die aufwendige Hofhaltung

Die Päpste betrieben in Avignon eine sehr aufwendige Hofhaltung. Dies führte zu einer wirtschaftlichen Abhängigkeit von der französischen Krone. Es kam auch zu einem zunehmenden

Nepotismus der Päpste (Vergabe von Ämtern an Verwandte). Schließlich war auch ihr moralischer Lebenswandel keineswegs vorbildlich.

3. DIE RÜCKKEHR DES PAPSTES

a. Die Auflösung des Kirchenstaates

In Rom und im Kirchenstaat zeichneten sich während der langen Abwesenheit der Päpste Auflösungserscheinungen ab. Es herrschte das Faustrecht und die Gewalt war überall zu spüren. Auch verschiedene italienische Kleinstaaten versuchten, Einfluss zu gewinnen und Rom und den Kirchenstaat unter ihre Kontrolle zu bekommen.

b. Der Ruf nach der Rückkehr des Papstes

In Rom wurde der Ruf nach der Rückkehr des Papstes immer lauter. Es gab auch bekannte Persönlichkeiten, die den Papst zur Rückkehr nach Rom aufforderten. Zu diesen gehörten auch die hl. Katharina von Siena (1347–1380) und die hl. Birgitta von Schweden (1303–1373).

c. Die Rückkehr des Papstes nach Rom

Im Jahr 1376 reiste die hl. Katharina von Siena nach Avignon. Es gelang ihr, Papst Gregor XI. (1370–1378) zur Rückkehr nach Rom zu überreden. Auf diese Weise kam es im Jahr 1377 nach fast siebzig Jahren zur Beendigung des Exils von Avignon und zur Rückkehr des Papstes nach Rom, das unter der langen Abwesenheit der Päpste sehr gelitten hatte.

DAS ABENDLÄNDISCHE SCHISMA

1. DIE SPALTUNG DER ABENDLÄNDISCHEN KIRCHE

a. Papst und Gegenpapst

Im Jahr 1378 begann das sogenannte »Abendländische Schisma« (= Spaltung). Als man nach dem Tod des letzten Papstes von Avignon den neuen Papst Urban VI. (1378–1389) gewählt hatte, wurde die Gültigkeit seiner Wahl angefochten. Unter dem Schutz Frankreichs wurde ein Gegenpapst, nämlich Clemens VII. (1378–1394) gewählt.

b. Die gleichzeitige Regierung dreier Päpste

Die beiden Päpste belegten sich gegenseitig mit dem Bann. Den beiden Päpsten folgten jeweils weitere Päpste. 1409 versuchte man auf dem Konzil von Pisa, der Spaltung ein Ende zu setzen. Doch nach der Wahl des neuen Papstes Alexanders V. (1409–1410) traten die beiden anderen Päpste nicht zurück, sodass schließlich drei Päpste nebeneinander regierten.

2. DAS KONZIL VON KONSTANZ

a. Die Spaltung führt zu Spannungen

Die Spaltung der abendländischen Christenheit in drei päpstliche Lager führte zu großen Spannungen. Die Menschen wussten nicht mehr, welcher der rechtmäßige Papst war. Die Spaltung in mehrere päpstliche Lager führte zu einer Zerrissenheit unter den Gläubigen; sie bewirkte aber auch politische Spannungen und Spaltungen.

b. Die Überwindung des Abendländischen Schismas

Schließlich bemühte sich Kaiser Sigismund (1411–1437), das Abendländische Schisma zu überwinden. Unter dem Druck des Kaisers kam es durch den Gegenpapst Johannes XXIII. (1410–1415) zur Einberufung eines Konzils, das sich mit der Lösung des Problems befassen sollte. Es fand in der Stadt Konstanz am Bodensee statt und dauerte von 1414–1418.

c. Die Wahl Papst Martins V.

Nach langen Verhandlungen wurden alle drei Päpste abgesetzt und ein neuer Papst gewählt. Der neue Papst Martin V. (1417–1431) wurde von allen anerkannt. So konnte nach einer jahrzehntelangen Spaltung das Abendländische Schisma überwunden werden.

3. DIE REFORMATION IN BÖHMEN

a. Der böhmische Reformator Jan Hus

Ein weiteres Schisma kündigte sich in Böhmen an, wo der Theologe Jan Hus (1372–1415) durch seine kritischen Predigten und

Schriften eine Reformbewegung in Gang setzte. Diese führte zu einer Spaltung unter den Gläubigen und zu politischen Unruhen in Böhmen.

b. Der große Volksprediger

Jan Hus wirkte als beliebter Seelsorger und hielt in der Bethlehemskapelle in Prag zahlreiche Predigten. Hus forderte in seinen Predigten eine strenge, tugendhafte Lebensweise. Er kritisierte den Zeitgeist und das rein irdische Streben der Menschen. Hus kritisierte aber auch die Verweltlichung der Kirche und die Habsucht und die Laster des Klerus.

c. Die häretischen Lehren

Jan Hus verkündete verschiedene häretische Lehren, die er z. T. den Schriften des englischen Reformators John Wyclif (1330–1384) entnommen hatte. Er sah in der Bibel die einzige Autorität in Glaubensfragen, predigte gegen das Papsttum und die Bischöfe und vertrat die Lehre von einer hierarchiefreien Kirche, in der nur Christus das Haupt sei usw.

4. DIE VERURTEILUNG DES REFORMATORS

a. Jan Hus vor dem Gericht des Konzils

Die theologischen Streitigkeiten und Unruhen in Böhmen beschäftigten auch den Kaiser und die Konzilsväter in Konstanz. Hus wurde aufgefordert, vor dem Konzil zu erscheinen. Kaiser Sigismund versprach ihm freies Geleit (persönliche Sicherheit) für die Zeit seines Aufenthaltes in Konstanz.

b. Jan Hus' Verbrennung

Hus wurde vom Konzil zum Widerruf seiner Lehren aufgerufen, weigerte sich aber standhaft, seinen Lehren abzuschwören. Daraufhin wurde er trotz des Versprechens des freien Geleits durch Kaiser Sigismund von den Konzilsvätern zum Feuertod verurteilt und 1415 auf dem Marktplatz von Konstanz verbrannt.

DIE INQUISITION

1. DIE ENTSTEHUNG DER INQUISITION

a. Die häretischen Lehren

Ab dem 12. Jahrhundert entstanden religiöse Bewegungen, die gnostische Lehren vertraten. Diese Bewegungen vertraten einen Dualismus von einem guten und einem bösen Gott und stellten die Ehe, die Familie und das Eigentum infrage. Sie hatten eine negative Einstellung gegenüber der Welt, der Politik und der Gesellschaft. Auch lehnten sie die Kirche als Heilsinstitution ab.

b. Die Infragestellung der Religion, der Moral und der Gesellschaft

Diese Bewegungen bedeuteten eine Gefahr für den christlichen Glauben und die christliche Moral. Sie wandten sich auch gegen die gesellschaftliche und die weltliche Ordnung und bekämpften die Kirche. Diese Bewegungen und ihre Häresien verbreiteten sich in Frankreich, Italien, Spanien, Portugal, Deutschland, Österreich, Tschechien, Ungarn und Polen.

c. Die kirchlichen Maßnahmen gegen die häretischen Bewegungen

Die katholische Kirche verurteilte die Irrlehren auf mehreren Konzilien (IV. Laterankonzil [1215] unter Papst Innozenz III.).

Gleichzeitig versuchte die Kirche, die Anhänger der Irrlehren durch Predigten und theologische Dispute zurückzugewinnen. Es waren vor allem die Zisterzienser und Dominikaner, die sich um die Rückgewinnung der Ketzer bemühten.

d. Die Reaktion der weltlichen Mächte

Auch die weltlichen Mächte bekämpften die Ketzer und stellten sie vor ein weltliches Gericht. Im Heiligen Römischen Reich waren es vor allem Kaiser Friedrich I. Barbarossa und Kaiser Friedrich II., die sich gegen die Ketzer wandten. Aber auch in Frankreich und später auch in Spanien erfolgte ihre strafrechtliche Verfolgung.

e. Der Kreuzzug gegen die Katharer

Im Rahmen der Bekämpfung der häretischen Bewegungen kam es auch zu einem Kreuzzug gegen die Katharer (1209–1229), die ihre Zentren in Albi und Carcassonne in Südfrankreich hatten. Der Auslöser dieses Kreuzzuges war die Ermordung eines päpstlichen Legaten (Gesandten). Im Kampf gegen die Katharer geschahen viele Grausamkeiten. Traurige Höhepunkte waren die Massaker in Béziers (1209) und auf der Burg Montségur (1244).

2. DIE EINRICHTUNG DER RÖMISCHEN INQUISITION

a. Die Inquisition als vorbeugende Maßnahme

Um weitere Kreuzzüge gegen ketzerische Bewegungen zu vermeiden, entschloss sich Papst Gregor IX., einen eigenen päpstlichen Gerichtshof gegen die Irrlehrer zu errichten. Auf diese

Weise erfolgte im Jahr 1231 die Gründung der Römischen Inquisition (Inquisition = gerichtliche Untersuchung von Irrlehren).

b. Die päpstlichen Inquisitoren

Der Papst entsandte eigene päpstliche Inquisitoren (= Untersuchungsrichter) in die verschiedenen christlichen Länder, um dort vor Ort Prozesse gegen die Irrlehrer zu führen. Er beauftragte dazu vor allem die Dominikaner, die sich durch ihre hohe theologische Bildung und ihre fundierte Kenntnis der Häresien auszeichneten.

c. Die Erweiterung der Gerichtsbarkeit

Mit der Zeit befasste sich der kirchliche Gerichtshof der Inquisition nicht nur mit der Verfolgung von Irrlehrern, sondern mit allen Delikten, die den Glauben betrafen. Dazu zählten z. B. Magie, Hexerei, Gotteslästerung, Wucher und Sittlichkeitsverbrechen. Diese Delikte konnten auch von weltlichen Gerichten verfolgt werden.

3. DIE METHODEN DER INQUISITION

a. Die Verhörpraxis der Inquisition

Das Verhör der Inquisition erfolgte schrittweise und wies mehrere Methoden auf: das gütliche Gespräch, bei dem der Verdächtige auf die Irrtümer der Häresie hingewiesen wurde; die Konfrontation mit Zeugenaussagen, die gegen den Verdächtigen gerichtet waren; ein verlängerter Gefängnisaufenthalt, der den Angeklagten zur Einsicht bringen sollte.

b. Die Foltermethoden der Inquisition

Bei »Hartnäckigkeit« wurden folgende Foltermethoden angewandt: das Anlegen der Finger-, Daumen- und Beinschrauben, die Streckbank und das Aufziehen, bei dem der Angeklagte mit hinter dem Rücken zusammengebundenen Armen an einem Seil nach oben gezogen wurde. An manchen kirchlichen und weltlichen Gerichten kamen auch glühende Eisen, Zangen, Halsringe, eiserne Dornen, enge Käfige, Wasserfoltern usw. zum Einsatz.

c. Die Urteile der Inquisition

Wenn die Ketzer vor der Inquisition ihrer Irrlehre abschworen, erhielten sie die Absolution und leichte, als Buße gedachte Strafen. Sie mussten meistens eine Zeit lang gelbe oder blaue Büßerkreuze tragen, die auf dem Gewand aufgenäht waren, oder eine längere Wallfahrt unternehmen. Bei »rückfälligen« Ketzern oder besonders schwerwiegenden Fällen konnten eine Gefängnisstrafe oder schließlich auch die Todesstrafe durch Verbrennen angeordnet werden.

4. DIE BEURTEILUNG DER INQUISITION

a. Die Begründung der Inquisition

Die Inquisition lässt sich nur im Rahmen einer Gesellschaft begreifen, in der Kirche und Staat noch engstens miteinander verbunden waren. Die kirchliche Justiz versuchte, die Reinheit und Einheit des Glaubens zu bewahren und die Seelen der Häretiker zu retten. Sie wandte sich aber auch gegen Magie, Hexerei, Gotteslästerung, Wucher und Sittlichkeitsverbrechen. Die weltliche Justiz bekämpfte die Häretiker als Aufrührer gegen die öffentliche Ordnung.

b. Die korrekten Methoden der Inquisition

Die Methoden der Inquisition waren die gängigen Methoden der mittelalterlichen und der neuzeitlichen Justiz. Die damals angewandten Methoden des gütlichen Gesprächs, der Konfrontation mit Zeugenaussagen und der Aufforderung zur Umkehr können auch aus heutiger Sicht als korrekt bezeichnet werden.

c. Die falschen Methoden der Inquisition

Dagegen müssen der Mangel an Rechtsbeistand, die »peinlichen Verhöre« und vor allem die angewandten Foltermethoden und die Hinrichtung von Tausenden Opfern eindeutig verurteilt werden. Besonders muss hier auf die vielen Opfer der staatlichen Inquisition in Spanien unter dem Großinquisitor Torquemada (1420–1498) hingewiesen werden.

d. Die Opfer der Inquisition

Die »schwarzen Legenden« behaupten, dass die Inquisition Millionen Opfer gekostet habe (z. B. Karlheinz Deschner). Die neuere Forschung schränkt die Zahl der Opfer der Inquisition drastisch ein und gelangt zu folgenden Ergebnissen: Katharer: ca. 5 000 Opfer; Wiedertäufer: ca. 2 000 Opfer; Spanische Inquisition: 1 500 bis 12 000 Opfer von 1480–1530 und 826 Opfer von 1540–1700, Römische Inquisition: 97 Opfer von 1542–1761.

DER HEXENWAHN

Der Hexenwahn begann im Spätmittelalter und dauerte bis gegen Ende des 18. Jahrhunderts. Er erfasste viele Länder Europas, breitete sich aber vor allem in Nord- und Osteuropa aus.

1. DAS WESEN DES HEXENGLAUBENS

a. Das Bündnis mit dem Teufel und den Dämonen

Viele Menschen glaubten, dass bestimmte Frauen und auch Männer mit dem Teufel und den Dämonen im Bunde stünden. Diese Frauen und Männer würden dadurch über magische Kräfte verfügen, mit denen sie ihren Mitmenschen schaden könnten (»Schadenzauber«). Viele Menschen glaubten auch an die Buhlschaft (= Liebesverhältnis) von Hexen und Hexern mit dem Teufel, an den Hexensabbat und an den Hexenflug.

b. Das Wirken von Hexen und Hexern

Viele Menschen glaubten auch, dass gewisse Vorkommnisse auf das Wirken von Hexen und Hexern hinwiesen: z. B. die Vernichtung der Ernte durch Hagelschlag, das Abbrennen eines Hauses durch Blitzschlag ohne Gewitterwolken, das unerklärliche Sterben einer guten Milchkuh, das Ausbrechen von Seuchen, das Verschwinden von Kindern, die Schändung von Kirchen und Reliquien, Liebeszauber, Impotenz.

2. DIE HEXENPROZESSE

a. Die kirchliche und weltliche Inquisition

Kirche und Staat betrachteten das Hexenwesen als ein mehrfaches Verbrechen, nämlich als Ketzerei, Magie und Ehebruch (Geschlechtsverkehr mit dem Teufel). Aus diesem Grund wurden die kirchliche und die weltliche Inquisition damit beauftragt, Hexen und Hexer aufzuspüren, zu befragen und zu verurteilen.

b. Die Anordnungen von Papst und Kaiser

Papst Innozenz VIII. (1484–1492) erteilte 1484 mit seiner »Hexenbulle« den Auftrag zur Untersuchung verdächtiger Personen. Dieses Dokument enthielt die Richtlinien für die kirchlichen Prozesse gegen verdächtige Personen. Kaiser Karl V. (1519–1556) erließ 1532 in der Gesetzessammlung »Carolina« die Richtlinien für die weltlichen Hexenprozesse.

c. Der »Hexenhammer«

Im Jahr 1487 verfasste der Dominikaner Heinrich Kramer (1430–1505) den berüchtigten Hexenhammer (lat. *Malleus Maleficarum*), der vor allem bei weltlichen Gerichten als Anleitung für die Hexenprozesse diente. Im ersten Teil versuchte Kramer, die tatsächliche Existenz des Hexenwesens zu beweisen. Im zweiten Teil beschrieb Kramer die verschiedenen Formen des Schadenzaubers, der durch Hexen bewirkt werden kann. Der dritte Teil des »Hexenhammers« enthält detaillierte Regeln für die Durchführung von Hexenprozessen.

d. Die Missachtung der Frauen und der Justiz

Der »Hexenhammer« ist von einer tiefen Missachtung und krankhaften Vorurteilen gegenüber Frauen geprägt und stellt elementarste Regeln der Justiz infrage. Dieses Werk wurde bereits im Mittelalter und in der Neuzeit von kirchlichen und weltlichen Persönlichkeiten scharf kritisiert.

3. DIE ÜBERWINDUNG DES HEXENWAHNS

a. Friedrich von Spee und sein Werk »Cautio criminalis«

Der große Kritiker der Hexenprozesse war der Jesuit Friedrich von Spee (1591–1635), der 1631 das aufrüttelnde Buch *Cautio criminalis, seu de processibus contra sagas liber* (»Mahnung zur Vorsicht im Strafprozess oder über die Prozesse gegen die Hexen«) schrieb, in dem er die unmenschlichen und sinnlosen Methoden bei den Hexenprozessen anprangerte.

b. Friedrich von Spees Forderungen

Friedrich von Spee hatte mit seinem Werk die gesamte Verfahrensweise der Hexenprozesse radikal infrage gestellt und erschüttert. Er forderte das Recht auf Verteidigung, die Abschaffung der Folter und menschliche Haftbedingungen. Sein Werk wurde bald in mehrere Sprachen übersetzt und hatte eine große Wirkung in ganz Europa.

c. Die letzten Hexenverbrennungen

Nach einer jahrhundertelangen Hexenverfolgung kam es in der Zeit der Aufklärung allmählich zum Abklingen des Hexenwahns. Trotzdem dauerte es noch lange, bis die Hexenprozesse endgültig aufhörten. Die letzten Hexenprozesse fanden 1775 in Kempten in Bayern, 1782 in Glarus in der Schweiz und 1793 in Posen in Polen statt.

4. DIE OPFER DES HEXENWAHNS

Neuere Forschungen ergaben, dass in Europa ca. 50 000 Frauen und Männer Opfer der Hexenjagd wurden (Deutschland 25 000, Österreich 1 000, Schweiz 4 000, Liechtenstein 300, Frankreich 4 000 (?), Italien 1 000 (?), Spanien 300 (?), Portugal 7, Belgien/Luxemburg 500, Niederlande 200, Britannien 1 500, Irland 2, Dänemark/Norwegen 1 350 (?), Schweden 356, Finnland 115, Island 22, Tschechei/Slowakei 1000, Ungarn 800, Slowenien 100, Polen/Litauen 10 000, Estland/Lettland 65, Russland 99.

5. DIE BEURTEILUNG DES HEXENWAHNS

a. Die vielfältigen Ursachen des Hexenwahns

Für den Hexenwahn waren mehrere Ursachen verantwortlich: der Rückfall in okkulte Praktiken aus vorchristlicher Zeit; der Aberglaube der Bevölkerung; die kirchliche Justiz, die sich auf Stellen aus dem Alten Testament berief; die weltliche Justiz, die im Interesse des Staates die Hexen verfolgte; krankhafte Vorurteile gegenüber Frauen usw.

b. Die kirchliche und die weltliche Inquisition

Aufgrund der intensiven Aufarbeitung aller verfügbaren Akten und Dokumente gelangten die führenden Wissenschaftler unserer Zeit zur Erkenntnis, dass die kirchlichen Gerichte bei den Hexenprozessen relativ wenig Hexen zum Tode verurteilt hatten. Im Gegensatz zu den kirchlichen Gerichten hatten die weltlichen Gerichte Zehntausende Personen hingerichtet.

c. Keine einseitige Beschuldigung der Kirche

Auf der Basis dieser neuesten Erkenntnisse ist es nicht zulässig, die Kirche als die alleinige Verantwortliche für die Opfer der Hexenprozesse hinzustellen. Die eigentliche Anklage richtet sich vielmehr gegen die weltliche Justiz, die in der Zeit vom Spätmittelalter bis zur Aufklärung grundlegende Regeln der Humanität und der Rechtslehre missachtet hat.

d. Keine einseitige Beschuldigung des Katholizismus

An den Hexenprozessen waren alle christlichen Konfessionen beteiligt und mitschuldig: Ob Innozenz VIII. oder Heinrich Kramer (»Hexenhammer«), ob Luther oder Calvin – sie alle waren für die Verbrennung der Hexen. Aber auch die weltlichen Machthaber aller Konfessionen waren für die Verfolgung und Hinrichtung der Hexen verantwortlich. Schließlich forderte auch das einfache Volk aller Konfessionen die Vernichtung der Hexen.

DIE JUDENPOGROME

1. DIE LAGE DER JUDEN IN DEN CHRISTLICHEN LÄNDERN

a. Die Juden als benachteiligte Minderheit

Im Mittelalter waren die Juden in den christlichen Ländern Europas meistens eine Minderheit, die mehr oder weniger der Willkür der Mächtigen und des Volkes ausgeliefert war. Sie durften keine öffentlichen Ämter bekleiden, durften viele Berufe nicht ausüben und keinen Grund und Boden erwerben. Den Juden waren auch Mischehen mit Christen verboten. Sie waren Bürger zweiter Klasse und auf vielfache Weise benachteiligt.

b. Die Anklagen gegen die Juden

Die Juden wurden wegen verschiedenster Dinge angeklagt: Die Anklagen reichten von Gottesmord (am Gottessohn Jesus Christus), Blasphemie (Gotteslästerung), Hostienschändung (Schändung von konsekrierten Hostien) bis zu Ritualmorden an christlichen Kindern. Die Juden wurden aber auch des Wuchers bei Darlehen und der Brunnenvergiftung beschuldigt.

2. DIE JUDENPOGROME

a. Die Judenpogrome während der Kreuzzüge

In der Zeit der Kreuzzüge geschahen verschiedene Judenpogrome (= Verfolgungen der Juden). Beim ersten Kreuzzug zerstörten die Kreuzfahrer entlang der Reiseroute durch Frankreich und Deutschland viele jüdische Gemeinden. Während der Kreuzzüge kam es auch in England und Frankreich zu verheerenden Judenpogromen.

b. Die Bemühungen der Päpste und Kaiser

In der Regel versuchten die Päpste und Kaiser, diese Pogrome zu verhindern (z. B. Papst Eugen III. und Kaiser Friedrich II.). Es gab auch verschiedene Theologen und Prediger, die für die Juden eintraten und sie verteidigten (z. B. der hl. Bernhard von Clairvaux). Es fehlte aber auch nicht an Predigern, die gegen die Juden hetzten.

c. Pogrome in Deutschland, England und Frankreich

Im 13. und 14. Jahrhundert wurden in Deutschland die jüdischen Gemeinden von Erfurt, Fulda und München ausgelöscht. Weitere Pogrome gab es in Franken, Bayern und im Elsass. In England kam zu einem Pogrom in London. König Eduard I. vertrieb alle Juden aus seinem Reich. Das Gleiche geschah mit den Juden in Frankreich unter König Philipp IV.

d. Die Schutzmaßnahmen der Päpste und Kaiser

Im Hoch- und Spätmittelalter bemühten sich die meisten Päpste und Kaiser, die Juden zu schützen. Die Päpste versuchten mit Erlässen, die Pogrome zu unterbinden (z. B. Papst Martin V.). Die Kaiser schützten die Juden, verlangten von ihnen aber oft eine Schutzsteuer (z. B. Kaiser Heinrich IV. und Kaiser Friedrich II.).

e. Der Misserfolg der Schutzmaßnahmen

Dennoch waren Papst und Kaiser oft nicht imstande, die Pogrome zu verhindern. Es kam öfter vor, dass ganze Judengemeinden Selbstmord begingen, um den Pogromen zu entgehen. Nur in Spanien, Österreich und Polen konnten die Herrscher durch ihr Eingreifen ein vorzeitiges Ende der Pogrome erreichen.

f. Die Pogrome während der Pestepidemie 1349

Im Jahr 1349 brach in weiten Teilen Mitteleuropas eine Pestepidemie aus. Sofort verbreitete sich das Gerücht, die Juden hätten die Brunnen vergiftet und damit die Seuche verursacht. Daraufhin kam es zu zahlreichen Judenpogromen. Wegen dieser Pogrome lebten in weiten Teilen Mitteleuropas keine Juden mehr.

3. DIE JUDENGHETTOS

a. Eigene Stadtviertel für die Juden

Ab dem 15. Jahrhundert mussten die Juden zunehmend in eigenen Stadtvierteln, den sogenannten »Ghettos«, leben. Seit dem »Judendekret« des Konzils von Basel (1434) entstanden in vielen deutschen Städten jüdische Ghettos, die von Mauern umgeben waren und deren Tore nachts verschlossen wurden. Die Ghettos trugen maßgeblich zur Ausgrenzung der Juden bei.

b. Die Ausgrenzung der Juden

In vielen Städten wurden die Juden auch gezwungen, eine eigene Kleidung zu tragen. Diese sollte sie im ganzen Stadtgebiet sofort erkenntlich machen. In manchen Städten mussten die Juden schwarze Spitzhüte und einen gelben Kreis auf ihrem Mantel tragen. Auf diese Weise wurden sie auch durch die Kleidung diskriminiert.

DIE NEUZEIT

1. DER BEGINN EINER NEUEN ZEIT

Ab dem 15. Jahrhundert fanden in allen Bereichen revolutionäre Umwälzungen statt, die zum Ende des Mittelalters und zum Beginn der Neuzeit führten. Diese grundlegenden Veränderungen betrafen das Weltbild und die Lebenseinstellung, das Menschenbild und die Gesellschaftsform, die Politik und das Recht, die Wissenschaft und die Wirtschaft, die Kunst und die Architektur, die Religion und die Kirche.

a. Das neue Bild des Universums

An die Stelle des geozentrischen Weltbilds (Erde im Mittelpunkt) trat das heliozentrische Weltbild (Sonne im Mittelpunkt). Die Erde war nun nicht mehr der statische Mittelpunkt des Weltalls, sondern ein dynamischer Himmelskörper, der sich in den Weiten des Universums bewegt. An die Stelle des »Fixstern-Himmels« trat nun ein dynamisches Universum, das aus unendlich vielen Sonnensystemen und Galaxien bestand.

b. Das neue Weltbild

An die Stelle des eurozentrischen Weltbilds trat das globale Weltbild. Die zahlreichen Entdeckungen anderer Länder und anderer Kontinente sprengten den europäischen Horizont und führten zu einer globalen Weltsicht. Der Kontakt zu völlig anderen Völkern und Kulturen führte zu einem zunehmenden

Austausch, aber auch zur Konfrontation mit anderen Kulturen.

c. Die neue Lebenseinstellung

An die Stelle des Himmels und des Jenseits traten die Erde und das Diesseits. Der Mensch wandte sich mehr und mehr von den überirdischen Dingen ab und suchte seine Erfüllung in irdischen Dingen. Er empfand die Welt nicht mehr als ein Jammertal, sondern als Stätte des irdischen Glücks. Der Mensch richtete sein Leben nicht mehr nach dem Jenseits aus, sondern trachtete nach der Erfüllung seiner irdischen Wünsche.

d. Das neue Menschenbild

An die Stelle des Theozentrismus (Gott im Mittelpunkt) trat der Anthropozentrismus (Mensch im Mittelpunkt). Der Mensch stand nun selbst im Mittelpunkt und betrachtete sich selbst als das Maß aller Dinge. Er war von einem grenzenlosen Selbstvertrauen und Optimismus erfüllt. Er wollte alle Bereiche des Lebens erforschen und beherrschen. Das neue Ideal war der universale Mensch, der alle Bereiche der Natur und des Lebens erkundete und kontrollierte.

e. Die neue Moral

An die Stelle der übernatürlichen Moral (Zehn Gebote Gottes) trat nun die natürliche Moral, die sich an der Natur des Menschen orientierte. An die Stelle des göttlichen Rechts trat nun das Naturrecht, dessen Maßstab die Grundbedürfnisse des Menschen waren. Auch die Macht des Staates wurde nun nicht mehr religiös begründet, sondern mit den Interessen und der Sicherheit des Staates gerechtfertigt. Die Politik wurde ab der Neuzeit von der Staatsräson bestimmt.

f. Die neuen Staaten

An die Stelle des mittelalterlichen Heiligen Römischen Reiches sowie der Klein- und Stadtstaaten traten mehr und mehr die Nationalstaaten (England, Frankreich, Spanien). Diese bestimmten nun die europäische und außereuropäische Politik. Die außereuropäische Politik der Nationalstaaten führte zum Beginn eines weltweiten politischen und wirtschaftlichen Kolonialismus.

g. Die neue Wissenschaft

An die Stelle der mittelalterlichen Philosophie, die sich an der Offenbarung und der Theologie orientiert hatte, trat eine rein profane (weltliche) Wissenschaft, die ihre eigenen Methoden entwickelte. Diese Wissenschaft kümmerte sich nicht mehr um religiöse und theologische Lehren und Werte. Sie geriet in vielen Fällen mit der Religion in Konflikt und betrachtete diese als Hemmschuh für den wissenschaftlichen Fortschritt.

h. Die neue Kunst

An die Stelle der mittelalterlichen Kunst, die sich vorwiegend mit religiösen Themen befasste, trat nun eine Kunst, die sich hauptsächlich dem Menschen und der Natur zuwandte. Neben der sakralen (religiösen) Kunst entstand nun die profane (weltliche) Kunst. In der Renaissance wurden zwar einzigartig schöne Werke geschaffen, aber dies führte auch zu einer Säkularisierung (Verweltlichung) der Kunst.

All diese Veränderungen lassen deutlich erkennen, dass ab dem 15. Jahrhundert eine völlig neue Zeit begann. Diese Zeit wird deshalb zu Recht als »Neuzeit« bezeichnet.

2. DIE NEUE RELIGIOSITÄT

a. Eine individualistische Religiosität

Mit dem Beginn der Neuzeit entstand auch eine neue Art des Glaubens. Es entwickelte sich zunehmend eine individualistische Religiosität. Der Mensch besann sich auf die eigene Person und gelangte auf diese Weise zu einem persönlichen Glauben. Dies hatte den Vorteil, dass der Glaube zu einer persönlichen Überzeugung wurde, nachteilig war jedoch, dass er dadurch oft zu einer subjektiven Angelegenheit wurde.

b. Ein verinnerlichter Glaube

Der neuzeitliche Mensch entwickelte auch einen verinnerlichten Glauben. Bei diesem Glauben standen nicht mehr die äußere Glaubenspraxis (Gottesdienste, Sakramente, Andachten, Prozessionen) und die guten Werke im Vordergrund, sondern die innere Gesinnung. Dieser verinnerlichte Glaube hatte den Vorteil, dass die innere Gesinnung gefördert wurde, nachteilig war jedoch, dass die Glaubenspraxis und die guten Werke vernachlässigt wurden.

c. Das eigene Gewissen

Der neuzeitliche Mensch entwickelte auch einen Glauben, bei dem das persönliche Gewissen im Mittelpunkt stand. Es wurde nun zum Maßstab für Gut und Böse. Dieses Gewissen orientierte sich nicht mehr an der Lehre des Evangeliums und an der Lehre der Kirche, sondern wurde selbst zur obersten und letzten Instanz. In diesem Gewissen zeigte sich der autonome Mensch der Neuzeit, der auch in religiöser Hinsicht das »Maß der Dinge« war.

d. Ein Glaube ohne Kirche

Der neuzeitliche Mensch entwickelte schließlich einen Glauben, der auch ohne die Vermittlung der Kirche auskam. Die Religion wurde zu einer rein persönlichen Angelegenheit. Der einzelne Mensch regelte seine Sachen persönlich mit dem lieben Gott und brauchte dazu keine Priester. Ein solcher Glaube war nicht mehr an die kirchliche Praxis gebunden und auch nicht mehr auf die kirchlichen Sakramente angewiesen.

In dieser Religiosität der Neuzeit kündigt sich bereits der individualistische Glaube an, der die religiöse Einstellung des Protestantismus, der Aufklärung und der liberalen Christen der heutigen Zeit kennzeichnet.

DER NIEDERGANG DER KIRCHE

1. DAS ENDE DER UNIVERSALEN KIRCHE

a. Die Entstehung von Nationalkirchen

Mit dem Ende des Mittelalters ging auch das Zeitalter der universalen Kirche zu Ende. In der Zeit des Heiligen Römischen Reiches war es zur Entstehung einer universalen Kirche gekommen, in der die Päpste die unumstrittenen geistigen Führer waren. Mit den neuzeitlichen Nationalstaaten entstanden in verschiedenen Ländern Nationalkirchen, die unter der Herrschaft der nationalen Könige standen.

b. Die völlige Abhängigkeit der Nationalkirchen

Die Auflösung der Universalkirche führte in den folgenden Jahrhunderten zu den protestantischen Landeskirchen und den nationalistischen Staatskirchen, die häufig in einer völligen Abhängigkeit von den nationalen Regierungen standen (Anglikanismus, Gallikanismus, Josephinismus). In späteren Jahrhunderten wurden die Nationalkirchen oft auch zu Instrumenten von Diktaturen (Nationalsozialismus, Kommunismus).

2. DIE VERWELTLICHUNG DER KIRCHE

a. Der Verfall des päpstlichen Hofes

Mit dem Beginn der Renaissance kam es auch zu einer ungeheuren Verweltlichung der Kirche. Der päpstliche Hof verfiel zu einem Fürstenhaus der Renaissance. Päpste wie Alexander VI. (1492–1503) aus dem Geschlecht der Borgia, Julius II. (1503–1513) aus dem Geschlecht der Della Rovere und die Päpste Leo X. (1513–1521) und Clemens VII. (1523–1534) aus dem Geschlecht der Medici waren oft mehr Fürsten und Kunstmäzene als Päpste.

b. Kultur statt Seelsorge

Mehrere Renaissance-Päpste waren große Gönner und Förderer der Kultur und der Kunst, aber sie waren zu wenig Hirten und Seelsorger. Sie schufen oft gewaltige Bauten wie z. B. den Petersdom und förderten Künstler wie Bramante, Michelangelo und Raffael, aber ihr persönlicher Lebenswandel war oft eher alles andere als heiligmäßig. Sie investierten Unsummen in ihre pharaonischen Projekte, hatten aber zu wenig Geld für die Armen im Kirchenstaat.

c. Krieg, Nepotismus und Simonie

Mehrere Renaissance-Päpste scheuten auch nicht vor kriegerischen Bündnissen zurück. Die Ernennung der Kardinäle und Bischöfe war vom Nepotismus (Begünstigung der eigenen Verwandten bei der Vergabe von kirchlichen Ämtern) und von der Simonie (Kauf und Verkauf kirchlicher Ämter gegen Bestechungsgelder) bestimmt. Alle diese Dinge haben dem Ansehen der Kirche gewaltig geschadet und entscheidend zur späteren Explosion der Reformation und zur Spaltung der Christenheit beigetragen.

d. Der Verfall des Klerus und der Klöster

In der Zeit der Renaissance kam es auch zu einem weitreichenden Verfall des Klerus und der Klöster. Der hohe Klerus genoss die Privilegien der oberen Gesellschaftsschichten, der niedere Klerus war oft ohne jede theologische Bildung. In vielen Klöstern ging die klösterliche Disziplin verloren. Es fehlte oft an der nötigen Strenge des mönchischen Lebenswandels und an der religiösen Bildung. Viele Klöster waren zu reich und wohlhabend geworden.

3. DER BUSSPREDIGER GIROLAMO SAVONAROLA

a. Die aufrüttelnden Predigten

In der Zeit der Renaissance trat in Florenz der Dominikanermönch Girolamo Savonarola (1452–1498) auf, der in seinen Predigten gegen den verweltlichten Lebensstil wetterte. Savonarola prangerte auch die Missstände in der Kirche an und wandte sich gegen Papst Alexanders VI. Kirchenleitung.

b. Die Bekehrung vieler Menschen

Der asketische Mönch gewann durch seine aufrüttelnden Predigten eine große Anhängerschaft. Zu seinen Anhängern gehörten auch die berühmten Künstler Sandro Botticelli (1445–1510) und Michelangelo Buonarroti (1475–1564). Viele Menschen gingen in sich und bekehrten sich.

c. Die Verfolgung des Bußpredigers

Die scharfe Kritik an den Missständen führte aber auch dazu, dass Savonarola von politischer und kirchlicher Seite verfolgt wurde. Der unangenehme Bußprediger wurde verhaftet und gefoltert. Schließlich wurde er zum Tode verurteilt und gehängt. Seine Leiche wurde auf der Piazza della Signoria in Florenz verbrannt.

DIE URSACHEN DER REFORMATION

Die Neuzeit wurde in entscheidender Weise von der Bewegung der Reformation geprägt, die hauptsächlich die deutschsprachigen Länder erfasste, aber auch in Frankreich, England, Böhmen und Skandinavien zur Geltung kam. Für die Entstehung der Reformation waren kirchliche, theologische, nationale und philosophische Gründe ausschlaggebend.

1. DER NIEDERGANG DES PAPSTTUMS

Mehrere Ereignisse in der Zeit des 14. und 15. Jahrhunderts führten dazu, dass das päpstliche Ansehen sehr in Mitleidenschaft gezogen wurde:

a. Das Exil von Avignon

Das Exil von Avignon (1309–1377) hielt die Päpste fast siebzig Jahre lang von Rom fern und führte zu ihrer völligen Abhängigkeit von den französischen Königen. Die Folge des Exils von Avignon war eine gröbliche Vernachlässigung ihrer päpstlichen Pflichten gegenüber der Gesamtkirche und dies schadete dem Ansehen und der Autorität des Papsttums.

b. Das Abendländische Schisma

Das Abendländische Schisma (1378–1417) brachte die gleichzeitige Herrschaft von mehreren Päpsten mit sich. Es kam zu einer Spaltung der Christenheit, die zu einer weitreichenden Verunsicherung der Gläubigen führte. Das Abendländische Schisma förderte auch die Bildung von gegensätzlichen politischen Lagern, die hinter den verschiedenen Päpsten standen.

c. Der Lebenswandel der Renaissance-Päpste

In der Zeit der Renaissance führten mehrere Päpste einen bedenklichen Lebenswandel. Alexander VI., Julius II., Leo X. und Clemens VII. u. a. lebten wie die Renaissance-Fürsten. Diese Päpste förderten die Kunst und die Kultur, vernachlässigten aber die Seelsorge und die Armen.

d. Nepotismus und Simonie

In der Renaissance gab es auch ein missbräuchliches Verhalten bei der Ämtervergabe. Mehrere Päpste vergaben hohe kirchliche Ämter an die eigenen Verwandten (Nepotismus) oder verkauften sie gegen hohe Geldsummen (Simonie). Diese Päpste orientierten sich also an ihren eigenen Machtinteressen und sie waren auch korrupt.

2. DIE KIRCHLICHEN MISSSTÄNDE

a. Die Werkfrömmigkeit

Das religiöse Leben bestand oft nur in einer äußerlichen »Werkfrömmigkeit«, die sich in frommen Übungen, Zeremonien und Gebräuchen erschöpfte. Bei dieser rein äußerlichen Frömmigkeit fehlte es den Gläubigen weitgehend an einer inneren Gesinnung und an einer echten religiösen Überzeugung.

b. Die Unsicherheiten in der Glaubenslehre

Es gab auch verschiedene Unsicherheiten in der Glaubenslehre (z. B. über die Rettung des Menschen, das Wesen der Eucharistie, das Wirken der Sakramente). Diese Unsicherheit in der Glaubenslehre wurde durch eine mangelnde theologische Bildung des Klerus verstärkt. Durch die Unsicherheit im Glauben entstanden auch manche Irrlehren.

c. Der Verfall der Disziplin

Es trat darüber hinaus ein spürbarer Verfall der Disziplin bei den Priestern und Mönchen ein. Die Privilegien des hohen Klerus und der Reichtum der Klöster führten zu einer Lockerung der kirchlichen Zucht. Der Verfall der Disziplin und der große Reichtum schadeten der Glaubwürdigkeit der Kirche und ihrer Verkündigung.

3. DIE NATIONALKIRCHEN

a. Die Entstehung der Nationalkirchen

In verschiedenen Ländern gab es auch Bestrebungen, eigene Nationalkirchen zu errichten. Die Herrscher dieser Länder wollten eine eigene Kirche für ihre Nation, die nicht mehr der zentralen Regierung des Papstes unterstand. Solche Bestrebungen gab es vor allem in England, Frankreich und Deutschland.

b. Die Kirche im Dienst der nationalen Interessen

Die Nationalstaaten hatten die Absicht, die Kirche für ihre nationale Politik zu benutzen. Die Kirche sollte aber auch den Interessen der einzelnen Monarchen dienen. In der Gründung der Nationalkirchen kam schließlich auch die Abneigung der germanischen Völker gegen die romanischen Völker (Italiener, Franzosen) zum Ausdruck.

4. DIE PHILOSOPHIE DER NEUZEIT

a. Das individualistische Verständnis der Religion

Der Humanismus und die Renaissance begünstigten ein individualistisches und anthropozentrisches Verständnis der Religion (Anthropozentrismus = Mensch im Mittelpunkt). Der Glaube wurde zunehmend zur Sache des Einzelnen. Der Einzelne trat in einen persönlichen Kontakt mit Gott und bemühte sich vor allem um sein persönliches Heil.

b. Das persönliche Gewissen als oberster Maßstab

Der einzelne Mensch wurde auch im Bereich des Glaubens zum Maß der Dinge; das persönliche Gewissen wurde zum obersten Maßstab für seine religiösen Entscheidungen. Der Mensch orientierte sich nicht mehr an der Lehre der Kirche, sondern handelte nach seinem eigenen Gewissen.

c. Die Infragestellung der Kirche

Diese individualistische Sicht der Religion führte dazu, dass die Kirche als Autorität und Heilsinstitution infrage gestellt und zurückgedrängt wurde. Sie galt nun nicht mehr als eine Heilsinstitution, die dem Menschen durch die Verkündigung der Wahrheit und durch die Spendung der Sakramente das Heil vermittelte.

d. Die Infragestellung der Metaphysik

Die Philosophie der Neuzeit führte auch zu einer zunehmenden Infragestellung der Metaphysik. Die Philosophie des Nominalismus erklärte, dass es nur im Bereich der Physik bzw. des Natürlichen zu einer gesicherten Erkenntnis komme, im Bereich der Metaphysik bzw. des Übernatürlichen hingegen gebe es keine gesicherte Erkenntnis.

e. Die Infragestellung der Theologie

Die Infragestellung der metaphysischen Erkenntnis führte mit logischer Konsequenz zur Infragestellung der Theologie. Wenn es keine gesicherte metaphysische Erkenntnis gibt, dann hat die Theologie keine Möglichkeit, die metaphysischen Glaubenswahrheiten rational zu begründen. Auf diese Weise wurden die philosophischen Voraussetzungen der Theologie durch die Philosophie der Neuzeit erschüttert.

DER BEGINN DER REFORMATION

1. MARTIN LUTHER

a. Die Herkunft

Die führende Gestalt der Reformation war Martin Luther (1483–1546) aus Deutschland. Luther wurde 1483 in Eisleben in Thüringen geboren. Sein Vater war Bergmann und Kleinunternehmer. Die Erziehung im Elternhaus war sehr streng. Dennoch bestand eine innige Beziehung zwischen Luther und seinen Eltern und Geschwistern.

b. Die Lehrjahre

Luther besuchte die städtische Lateinschule von Mansfeld, an der er in den Fächern Lesen, Schreiben, Singen und Latein unterrichtet wurde. Mit vierzehn Jahren kam er für einige Monate nach Magdeburg, anschließend setzte er seine Ausbildung in Eisenach fort. Ab 1501 studierte Luther in Erfurt die »Sieben freien Künste« und Rechtswissenschaften.

c. Der Eintritt in das Kloster

Im Jahr 1505 wurde Luther durch den Tod seines Studienkollegen Hieronymus Buntz zutiefst erschüttert. Er erlebte aber auch, wie bei einem schweren Gewitter ein Blitz unmittelbar neben ihm einschlug und sein Leben gefährdete. In seiner Betroffenheit gelobte der junge Luther, Mönch zu werden, und trat überstürzt in das Kloster der Augustiner-Eremiten in Erfurt ein.

d. Die Reise nach Rom

Luther war ein überaus eifriger Mönch, der aber innerlich nicht zur Ruhe kam. Er führte ein strenges Büßerleben und ging oft zur Beichte. Im Herbst 1510 brach er mit einem Ordensbruder nach Rom auf, um dort an einem Ordenskapitel teilzunehmen. Luther besuchte in Rom alle wichtigen Kirchen und bemühte sich um die Gewinnung von mehreren Ablässen.

e. Das »Turmerlebnis«

Ab 1511 wirkte Luther als Professor für Altes und Neues Testament. Im Jahr 1513 hatte er sein sogenanntes »Turmerlebnis« in der Turmstube des Schwarzen Klosters zu Wittenberg: Bei der Betrachtung des Römerbriefs des Apostels Paulus gelangte er plötzlich zur inneren Überzeugung, dass die Rettung des Menschen nicht durch die äußeren Werke und die Erfüllung des Gesetzes, sondern allein durch den Glauben an Jesus Christus zustande komme.

2. DER BEGINN DER REFORMATION

Im Jahr 1517 kam es zum Beginn der Reformation. Die vielen Missstände in der Kirche führten dazu, dass ein weitreichender Protest gegen die Kirche entstand. Gleichzeitig begann auch ein Aufruhr gegen die weitverbreiteten sozialen Missstände.

a. Der Ablasshandel

Im Jahr 1517 hielt der Dominikanermönch Johann Tetzel (1465–1519) in Thüringen und Sachsen zahlreiche Ablasspredigten

(Ablass: Nachlass von Strafen im Fegefeuer). Tetzel versprach den Menschen einen besonderen Ablass von ihren Strafen im Fegefeuer, wenn sie eine Spende für den Neubau der Peterskirche in Rom geben würden. Auf diese Weise kam jedoch ein starker Missbrauch des Ablasses (daher »Ablasshandel!«) zustande.

b. Der Thesenanschlag in Wittenberg

Für Luther war dies der Anlass, gegen die zahlreichen Missstände in der Kirche anzutreten. Am 31. Oktober 1517 wurden an der Eingangstür der Schlosskirche von Wittenberg in lateinischer Sprache seine 95 Thesen über die Missstände in der Kirche angeschlagen. Die neuere Forschung hat festgestellt, dass der Thesenanschlag Luthers in Wittenberg eine Legende ist. In Wirklichkeit hatte Luther seine Thesen an mehrere Bischöfe und Freunde geschickt.

3. DIE ERSTEN AUSEINANDERSETZUNGEN

a. Die Leipziger Disputation

Die Thesen Luthers enthielten mehrere Aussagen, die im Widerspruch zur katholischen Lehre standen. Über einige Bischöfe erfuhr auch Rom von Luthers Thesen. Die Kurie veranlasste eine sofortige Untersuchung. Im Jahr 1518 kam es in Augsburg zu einem Verhör Luthers durch den päpstlichen Gesandten Kardinal Cajetan (1469–1534). 1519 erfolgte die sogenannte »Leipziger Disputation« zwischen Luther und seinem Ordensoberen Johannes Eck (1486–1543).

b. Die kritischen Schriften

Im Jahr 1520 veröffentlichte Luther drei Schriften: »An den Adel deutscher Nation von des christlichen Standes Besserung«,

»Von der babylonischen Gefangenschaft der Kirche« und »Von der Freiheit eines Christenmenschen«. Die ersten zwei Schriften waren eine Kritik an Rom; die dritte Schrift vertrat eine Glaubenspraxis, die auf dem persönlichen Kontakt zu Gott beruhte. Alle drei Schriften enthielten eine Distanzierung von der katholischen Kirche.

c. Die theologischen Lehren

In weiteren Schriften entwickelte Luther theologische Lehren, die nicht mehr mit der katholischen Lehre übereinstimmten (vgl. Kapitel über die Lehren der Reformation). Es begann sich bereits eine andere Theologie und eine andere Kirche abzuzeichnen. Aus der ursprünglichen Reform (Erneuerung) wurde eine Reformation (völlige Umgestaltung) der Kirche.

4. DER OFFENE KAMPF

a. Die Verbrennung der Bannbulle

Im Dezember 1520 wurde Luther von Rom eine Bulle (feierlicher päpstlicher Erlass) zugestellt, in der ihm der Bann angedroht wurde. Luther verbrannte diese Bulle aber öffentlich in der Nähe des Elstertors in Wittenberg. Diese Verbrennung der päpstlichen Bulle kam einer »Kriegserklärung« an Rom gleich. Die Antwort Roms ließ nicht lange auf sich warten: Im Januar 1521 wurde Luther von Papst Leo X. (1513–1521) mit dem Bann belegt.

b. Die Vorladung vor den Reichstag

Der Bann vonseiten der Kirche hatte auch politische Konsequenzen: Der junge Kaiser Karl V. (1519–1556) wollte Luther auch mit der Reichsacht (einem politischen Bann) belegen. Doch verschiedene Fürsten forderten den Kaiser auf, Luther vor den

Reichstag von Worms zu laden und seine Lehre zu prüfen (Reichstag: Versammlung der verschiedenen Vertreter des Reiches – Reichsstände – unter der Leitung des Kaisers).

c. Das freie Geleit des Kaisers

Auch Luthers Landesherr, Kurfürst Friedrich der Weise (1486–1525), stellte sich schützend vor den Mönch aus Wittenberg und erwirkte beim Kaiser freies Geleit für ihn (freies Geleit: Schutzgarantie für den Angeklagten, dass er nicht während oder nach dem Prozess verhaftet würde). Als Luther im April 1521 in Worms einzog, eilten viele Menschen herbei, um ihn zu sehen. Die Bevölkerung und auch Teile des Klerus jubelten Luther zu.

5. DER REICHSTAG VON WORMS

a. Die Rede vor dem Reichstag

Vor den Vertretern des Reiches wurde Luther aufgefordert, seine Lehren zu widerrufen. Luther erbat sich Bedenkzeit und hielt dann am nächsten Tag eine eindrucksvolle Rede, in der er sich auf sein Gewissen berief und erklärte, dass er seine Ansichten nur dann ändern werde, wenn man ihn durch Argumente und Schriftstellen widerlegen könne. Luther war nicht bereit, seine Thesen zu widerrufen.

b. Die Antwort des Kaisers

Einige Tage später wies Kaiser Karl V. die Lehren Luthers zurück und erklärte ihn zum Ketzer (Irrlehrer). Der Kaiser verhängte über Luther und seine Anhänger die Reichsacht, die nach 21 Tagen in Kraft treten sollte. Karl V. verbot auch die Verbreitung und den Besitz von Luthers Schriften. Das Edikt (Erlass) des Kaisers konnte aber die Reformation nicht mehr aufhalten.

6. DER AUFENTHALT AUF DER WARTBURG

a. Die Entführung auf die Wartburg

Als Luther nach Wittenberg zurückkehrte, wurde er in der Nähe von Schloss Altenstein in Thüringen von einigen Rittern Friedrichs des Weisen zum Schein entführt und auf die Wartburg gebracht. (Die Wartburg befindet sich auf einer Anhöhe über der Stadt Eisenach in Thüringen.) Dort wurde Luther für einige Monate versteckt gehalten, um ihn vor eventuellen Verfolgungen zu schützen.

b. Die Übersetzung des Neuen Testaments

Auf der Wartburg trug Luther weltliche Kleider und ließ sich einen Vollbart wachsen. Er erhielt auch den Decknamen »Junker Jörg« (Junker = Angehöriger des niederen Adels; Jörg = Georg) und lebte in einer abseits gelegenen Turmstube. Während seines Aufenthaltes auf der Wartburg arbeitete Luther an der Übersetzung des Neuen Testaments, die sich durch ihre kraftvolle Sprache auszeichnete.

c. Die Rückkehr nach Wittenberg

Im Jahr 1522 verließ Luther die Wartburg und kehrte nach Wittenberg zurück. Im Jahr 1524 trat er aus dem Kloster aus und legte seine Mönchskutte ab. Im Jahr 1525 heiratete Luther Katharina von Bora (1499–1552). Seine Frau war eine ehemalige Nonne des Zisterzienserinnenstiftes Mariathron in der Nähe von Grimma bei Leipzig. Luther hatte sechs Kinder und wohnte mit seiner Frau Katharina in einem Trakt des verwaisten Augustinerklosters in Wittenberg.

DIE FOLGEN DER REFORMATION

1. DIE AUFSTÄNDE DER REICHSRITTER

a. Die sozialen Auswirkungen der Reformation

Die Reformation entwickelte sich sehr rasch zu einer Bewegung, die weit über den religiösen Bereich hinauswirkte. Die Reformation führte dazu, dass sich verschiedene gesellschaftliche Stände dazu ermutigt fühlten, im Namen des religiösen Protests auch soziale Veränderungen zu fordern. So kam es bereits in den ersten Jahren der Reformation zu gewaltigen sozialen Unruhen, die schließlich auch zu verschiedenen Kriegen führten.

b. Der »Pfaffenkrieg« der Reichsritter

Die Reichsritter hofften, dass es durch die Reformation zur Enteignung der kirchlichen Besitzungen zugunsten der Ritter kommen würde. Der Ritter Franz von Sickingen (1481–1523) führte 1522/23 den sogenannten »Pfaffenkrieg« (Pfaffe = Schimpfwort für Priester) gegen den Erzbischof von Trier, der jedoch mit einer völligen Niederlage der Ritter endete und ihren politischen Untergang besiegelte.

2. DIE BAUERNKRIEGE

a. Die sozialen Satzungen der Bauern

Auch die Bauern erhofften sich durch die Reformation eine soziale Besserstellung. In mehreren Gegenden des deutschen Sprachraums schlossen sie sich zu Bündnissen zusammen. Das Symbol dieser Bünde war der »Bundschuh« (= zugebundener Schuh, ein Symbol des Bauernstandes). Die Bauern verfassten auch eigene soziale Satzungen, die ganz im Geist des Evangeliums verschiedene Grundrechte des Bauernstands enthielten.

b. Die Bauernaufstände

In verschiedenen Gegenden Deutschlands kam es auch zu Bauernaufständen gegen die Willkürherrschaft der Fürsten und Ritter. Besonders um den Bodensee, in Franken und in Thüringen gab es sogenannte »Haufen« (= Bauernheere), die gegen die Ritter zu Felde zogen und ihre Burgen brandschatzten. Luther ermahnte die Fürsten, die Bauern nicht auszubeuten; er wandte sich aber auch an die Bauern und rief sie auf, keinen Aufruhr gegen die Fürsten anzuzetteln.

c. Die Bauernkriege

Von 1524 bis 1526 fanden die Bauernkriege statt. Den Bauern gelang es zunächst, unter Thomas Müntzers (1489–1525) Führung mehrere Ritterheere zu besiegen. Doch dann rüsteten die Fürsten schlagkräftige Heere aus und schlugen die Bauern mehrmals vernichtend. Die größte Niederlage erlitten sie bei Frankenhausen. Tausende Bauern wurden niedergemetzelt; Müntzer wurde vor Gericht gestellt und enthauptet.

3. DIE PROTESTANTISCHEN LANDESKIRCHEN

a. Die Leitung der Kirche durch die Landesherren

Die sozialen Unruhen hatten gezeigt, dass es der protestantischen Kirche an einer Führung fehlte. Luther wandte sich daher an den Kurfürsten Johann von Sachsen (1525–1532) und bat ihn, die Leitung der Kirche zu übernehmen. Auf diese Weise wurde der Kurfürst zum kirchlichen Oberhaupt von Sachsen. Kurfürst Johann schaffte in seinem Land die Oberherrschaft des Papstes ab und behielt auch die kirchlichen Abgaben, die früher nach Rom gesandt wurden.

b. Die Entstehung des Landeskirchentums

Bald folgten auch andere Fürsten dem Beispiel des sächsischen Kurfürsten: Sie traten zum protestantischen Glauben über und wurden so zum kirchlichen Oberhaupt in ihrem Land. Die Fürsten mussten nun für die Ausbildung und Bestellung der Pfarrer sorgen und auch ein entsprechendes Schul- und Bildungswesen aufbauen.

4. DAS AUGSBURGER BEKENNTNIS (1530)

a. Das protestantische Glaubensbekenntnis

Als Karl V. 1530 nach Deutschland zurückkehrte, strebte er auf dem Reichstag von Augsburg nach einem Ausgleich mit den Protestanten. Für die Protestanten verfasste Philipp Melanchthon (1497–1560), ein enger Vertrauter und Mitstreiter Luthers, das sogenannte »Augsburger Bekenntnis«, das bis heute als das Glaubensbekenntnis der lutherischen Protestanten gilt.

b. Die Ablehnung des Glaubensbekenntnisses

Dieses Glaubensbekenntnis wurde aber von den katholischen Theologen abgelehnt. Diese mussten erkennen, dass sich das protestantische Glaubensbekenntnis nicht mit dem katholischen Glaubensbekenntnis vereinbaren ließ. Als Kaiser Karl V. feststellen musste, dass es nicht möglich war, eine theologische Einigung zwischen Katholiken und Protestanten herbeizuführen, forderte er die Protestanten auf, sich zu unterwerfen.

c. Der Schmalkaldische Krieg

Daraufhin schlossen die Protestanten in der Stadt Schmalkalden den sogenannten »Schmalkaldischen Bund«, um sich gegen Karl V. zu verteidigen. In den Jahren 1546/1547 fand der »Schmalkaldische Krieg« statt, in dem Karl V. die Protestanten bei Mühlberg entscheidend schlug. Der Kaiser nahm auch den Führer der Protestanten, Kurfürst Johann Friedrich I. von Sachsen (1532–1547), gefangen. Karl V. ließ ihn aber nicht hinrichten, sondern schenkte ihm das Leben.

5. DER AUGSBURGER RELIGIONSFRIEDEN

a. Der Protestantismus als gleichberechtigte Konfession

Im Jahr 1555 wurde der Augsburger Religionsfrieden geschlossen. Bei diesem Friedensschluss wurde der Protestantismus als gleichberechtigte christliche Konfession (Religionsgemeinschaft) anerkannt. Nach jahrzehntelangen Auseinandersetzungen sollten nun die beiden getrennten Konfessionen als gleichberechtigte Konfessionen nebeneinander existieren.

b. Der Fürst bestimmt die Religion der Untertanen

Bei diesem Friedenschluss wurde auch vereinbart, dass die Fürsten das religiöse Bekenntnis ihrer Untertanen bestimmen konnten. Dieses Recht der Fürsten wurde in der bekannten Kurzformel zusammengefasst: *Cuius regio, eius religio* (»Wessen Land, dessen Glaube«). Die Untertanen hatten also die Pflicht, sich zur selben Konfession zu bekennen wie ihr Fürst. Das galt sowohl für die katholischen als auch für die protestantischen Fürstentümer.

c. Die Auswanderung der Untertanen mit anderem Religionsbekenntnis

Wenn Untertanen sich nicht zur Religion des Fürsten bekennen wollten, mussten sie auswandern. Das hatte zur Folge, dass immer wieder Katholiken und Protestanten, die an ihrem Glauben festhielten, ihre Heimat verlassen mussten. Für die Auswanderer bedeutete dies den Verlust der Heimat und oft auch Elend und Not.

DIE AUSBREITUNG DES PROTESTANTISMUS

Der Protestantismus drang rasch in verschiedene Länder vor. Er verbreitete sich vor allem in der Schweiz, in Frankreich, England, Holland und in den skandinavischen Ländern. In diesen Ländern kam es z. T. zu harten Auseinandersetzungen zwischen den Anhängern des katholischen Glaubens und den Anhängern der Reformation.

1. ULRICH ZWINGLI

a. Zwinglis Lehren

Ulrich Zwingli (1484–1531) stammte aus der Schweiz und trat in Zürich als Volksprediger auf. Seine Lehre strebte nach einer Verbindung von Humanismus und Heiliger Schrift. Er verwarf die katholische Lehre über die Eucharistie und erklärte, dass die Worte Jesu »Das ist mein Leib« nur symbolisch zu verstehen seien. Diese symbolische Auffassung des Abendmahls führte auch zur Trennung Zwinglis von Luther (»Abendmahlsstreit«).

b. Der Krieg zwischen Protestanten und Katholiken

Die Lehre Zwinglis breitete sich in der ganzen deutschsprachigen Schweiz aus. Nur die Kantone der inneren Schweiz (Uri, Schwyz, Unterwalden, Luzern, Freiburg) blieben katholisch. Im

Jahr 1531 kam es zum Krieg zwischen Protestanten und Katholiken. Die katholischen Urkantone siegten in der Schlacht von Kappel. Zwingli wurde verwundet und starb nach der Schlacht.

2. JOHANNES CALVIN

a. Calvins Lehren

Johannes Calvin (1509–1564) stammte aus Frankreich, wirkte aber hauptsächlich in Genf. Calvin betonte vor allem die unbeschränkte Allmacht Gottes und erklärte, dass Gott das ewige Schicksal des Menschen willkürlich vorherbestimmen könne (Prädestination = Vorherbestimmung des Menschen).

b. Die Errichtung einer Theokratie

Calvin strebte auch die Errichtung einer Theokratie (politischen Gottesherrschaft) an. Er erließ sehr strenge Gesetze, die das religiöse, politische, moralische und wirtschaftliche Leben regelten. Dabei griff Calvin oft mit aller Härte durch und ließ verschiedene Bürger von Genf hinrichten.

c. Das Recht auf Widerstand

Calvin verkündete das Recht auf politischen Widerstand: Wenn die politische Obrigkeit sich nicht an die Lehren des Evangeliums halte, dann sei es erlaubt, sich ihr zu widersetzen und sie abzusetzen. Diese Lehren Calvins haben über seine Anhänger – die Hugenotten in Frankreich und die Puritaner in England – einen großen Einfluss auf Europa und die Neue Welt ausgeübt.

3. HEINRICH VIII.

a. *Die anglikanische Kirche*

Die Reformation griff dann auch auf England über und führte dort zur Gründung der anglikanischen Kirche. Die Entstehung dieser Kirche ist sehr eng mit der Gestalt König Heinrichs VIII. (1509–1547) verbunden, der sich von Rom trennte und eine eigene Kirche in England gründete.

b. *Der Anlass zur Trennung von Rom*

Der Anlass für den Bruch mit Rom war die Scheidung Heinrichs VIII. Der König war seit mehreren Jahren mit der spanischen Prinzessin Katharina von Aragon (1485–1536) verheiratet. Als diese ihm keinen männlichen Nachkommen schenkte und Heinrich sich in die Hofdame Anne Boleyn (1501–1536) verliebt hatte, wollte er die Annullierung seiner Ehe durch die Kirche erreichen.

c. *Der Bruch mit Rom*

Heinrich VIII. wandte sich an Papst Clemens VII. (1523–1534) und forderte von ihm die Annullierung seiner Ehe mit Katharina von Aragon. Der Papst weigerte sich aber, die Ehe zu annullieren. Daraufhin kam es zum Bruch mit Rom. Der König erklärte sich selbst zum Oberhaupt der englischen (anglikanischen) Kirche und verlangte von seinen Untertanen den Treueeid (»Suprematseid«). Daraufhin fielen die meisten englischen Bischöfe von Rom ab.

d. *Die Durchsetzung der Reformation*

König Heinrich VIII. verfolgte alle Katholiken, die sich nicht unterwarfen. Er ließ auch den bekannten Bischof John Fisher

(1469–1535) und den früheren Lordkanzler Thomas Morus (1478–1535) hinrichten. Nach der kurzen Regierung Königin Marias der Katholischen setzte dann Königin Elisabeth I. die Reformation in ganz England durch.

DIE LEHREN DES PROTESTANTISMUS

1. BIBEL, GLAUBE UND GNADE

a. Die Quellen des Glaubens: allein durch die Schrift (sola scriptura)

Der Katholizismus lehrt, dass die Heilige Schrift *und* die Tradition der Kirche (kirchliche Überlieferung, Konzilien, päpstliche Aussagen) die Quellen des Glaubens sind. Der Protestantismus hingegen erkennt nur die Heilige Schrift *(sola scriptura)* als Quelle der Glaubenswahrheiten an.

b. Die Rechtfertigung des Menschen: allein durch den Glauben (sola fide)

Der Katholizismus lehrt, dass der Mensch durch den Glauben *und* durch die guten Werke gerechtfertigt (gerettet) wird. Der Protestantismus hingegen verkündet, dass der Glaube allein *(sola fide)* zur Errettung des Menschen führt. Daher kommt den guten Werken keine rechtfertigende Bedeutung zu.

c. Das Heil des Menschen: allein durch die Gnade (sola gratia)

Der Katholizismus lehrt, dass der Mensch durch die Gnade Gottes *und* durch die Bekehrung und Läuterung (Reinigung) das Heil erlangt. Der Protestantismus hingegen erklärt, dass der

Mensch allein durch die Gnade Gottes *(sola gratia)* das Heil erlangt. Die Gnade ist wie ein Mantel, der die Sünden des Menschen zudeckt.

2. SAKRAMENTE

a. Die Sakramente: nur Taufe und Abendmahl

Der Katholizismus lehrt, dass es sieben Sakramente gibt. Der Protestantismus hingegen erklärt, dass es nur zwei Sakramente gibt, nämlich die Taufe und das Abendmahl. Der Katholizismus lehrt, dass die Sakramente aufgrund der sakramentalen Handlung wirken. Hingegen lehrt der Protestantismus, dass die Sakramente durch den Glauben des Empfängers wirken.

b. Das Abendmahl: kein Opfergottesdienst

Der Katholizismus lehrt, dass die hl. Messe auch ein Opfergottesdienst zur Vergebung der Sünden ist. Bei der hl. Messe kommt es zur Vergegenwärtigung des Kreuzesopfers Jesu. Der Protestantismus lehrt, dass das Abendmahl kein Opfergottesdienst sei. Beim Abendmahl kommt es nicht zu einer Vergegenwärtigung des Kreuzesopfers Jesu.

c. Das Abendmahl: keine Realpräsenz

Der Katholizismus lehrt, dass Christus bei der hl. Messe nach der Wandlung in den Gestalten von Brot und Wein real gegenwärtig ist. Luther lehrt, dass Christus beim Abendmahl aufgrund seiner göttlichen Allgegenwart im Augenblick des Empfanges von Brot und Wein anwesend sei. Zwingli und Calvin lehren, dass Brot und Wein nur Symbole seien.

3. KIRCHE

a. Die Kirche: keine sichtbare Kirche

Der Katholizismus lehrt, dass Christus die Kirche auch als eine sichtbare Institution (Einrichtung) mit einer äußeren Hierarchie (Rangordnung) und Amtsgewalt gestiftet hat. Luther lehrt hingegen, dass Christus die Kirche nur als eine unsichtbare (rein geistige) Institution ohne äußere Hierarchie und Amtsgewalt gestiftet habe. Calvin fordert die Verbindung von Kirche und weltlicher Macht und gelangt so zu einer Theokratie (Gottesherrschaft).

b. Das Papsttum: Ablehnung des Papsttums

Der Katholizismus sieht den Papst als den Nachfolger des hl. Petrus, der von Christus zum obersten Lehrer, Hirten und Priester der Kirche bestellt wurde. Der Protestantismus lehnt dagegen den Papst als obersten Lehrer, Hirten und Priester der Kirche ab.

4. MARIA UND DIE HEILIGEN

a. Ablehnung der Marienverehrung

Der Katholizismus befürwortet die Verehrung Marias und ruft Maria als Fürsprecherin an. Der Protestantismus lehnt die Marienverehrung ab und wendet sich nicht an Maria als Fürsprecherin.

b. Ablehnung der Heiligenverehrung

Der Katholizismus befürwortet die Verehrung der Heiligen und ruft sie als Fürsprecher an. Der Protestantismus lehnt die Verehrung der Heiligen ab und ruft sie nicht als Fürsprecher bei Gott an.

DIE GEGENREFORMATION

Auf die Reformation folgte die »Gegenreformation«. Bei der Gegenreformation handelte es sich um eine umfassende katholische Bewegung, die sich gegen die Reformation wandte. Die Gegenreformation bemühte sich um eine innere Erneuerung der Kirche und um die Rückgewinnung der Menschen und Länder, die sich der Reformation angeschlossen hatten.

1. DAS KONZIL VON TRIENT

a. Die Einberufung des Konzils

Im Jahr 1545 erfolgte die Einberufung des Konzils von Trient, das bis 1563 dauerte. Zu diesem Konzil wurden auch die Protestanten eingeladen, da man sich noch eine Einigung zwischen Katholiken und Protestanten erhoffte. Doch als die Verhandlungen mit den Protestanten scheiterten, wurde das Konzil von Trient zu einem innerkatholischen Reformkonzil.

b. Die Klärung der katholischen Lehre

Das Konzil von Trient bemühte sich zunächst um eine Klarstellung der katholischen Lehre:
- Quellen des Glaubens: Heilige Schrift und kirchliche Überlieferung
- Rechtfertigung des Menschen: Glaube und Werke des Menschen

- Heil des Menschen: Gnade Gottes und Mitwirken des Menschen
- heilige Messe: heilige Messe als Opfergottesdienst; Vergegenwärtigung des Kreuzesopfers
- Leib und Blut Jesu: Wandlung von Brot und Wein in Leib und Blut Jesu
- Sakramente: Siebenzahl der Sakramente; Sakramente als Gnadenmittel, die aus sich wirken
- Fegefeuer: zeitlich begrenzte Läuterung der Seele; Verbot des Ablasshandels
- Heiligenverehrung: Verehrung der Heiligen, Reliquien und Bilder

c. *Pastorale Maßnahmen*

Das Konzil von Trient beschloss auch mehrere pastorale (seelsorgliche) Maßnahmen:
- Priesterseminare: Ausbildung der Priester
- Kleine Seminare: Ausbildung des Priesternachwuchses
- Visitationen: bischöfliche Kontrollbesuche in den Pfarreien
- Missale: Buch mit den Texten für die hl. Messe
- Katechismus: Unterrichtsbuch über die katholische Glaubenslehre
- Brevier: Gebetbuch der Priester

2. DIE UMSETZUNG DES KONZILS

a. *Päpste und Bischöfe*

Die Umsetzung der Konzilsbeschlüsse war zunächst das Werk der Päpste und Bischöfe. Papst Pius V. (1566–1572) führte das Missale, den römischen Katechismus und das Priesterbrevier ein. Der hl. Karl Borromäus (1538–1584) und der hl. Franz von

Sales (1567–1622) waren die bekanntesten Reformbischöfe nach dem Konzil.

b. Große Heilige

An der Erneuerung im Sinne des Konzils wirkten auch große Heilige mit: der hl. Ignatius von Loyola (1491–1556), der hl. Franz Xaver (1506–1552) und der hl. Petrus Canisius (1521–1597) aus dem Jesuitenorden; die hl. Angela Merici (1474–1540), die Gründerin der Ursulinen; der hl. Philipp Neri (1515–1595), der Gründer des Oratoriums (Gemeinschaft von Weltpriestern) in Rom; die hl. Teresa von Avila (1515–11582), die Reformerin der Karmeliter.

3. DIE REFORMORDEN

a. Die Erneuerung der Kirche

Die Erneuerung der Kirche geschah auch durch das Wirken verschiedener Reformorden. Diese Orden wirkten in der Seelsorge, an den Universitäten, in der Erziehung, im Sozialbereich, in der Kultur usw. Durch sie gelang es der katholischen Kirche, in vielen Bereichen eine umfassende Erneuerung des religiösen Lebens herbeizuführen.

b. Bekannte Orden

In der Zeit der Gegenreformation gab es eine große Zahl Reformorden, von denen hier nur die wichtigsten genannt werden sollen:

- Jesuiten: Universitäten, Kollegien, Mission
- Kapuziner: franziskanischer Reformorden, Volksprediger
- Ursulinen: Betreuung und Ausbildung von Frauen und Mädchen

- Oratorianer: Betreuung der Jugendlichen
- Karmeliten: kontemplativer Orden
- Lazaristen: Missionsorden

4. DIE JESUITEN

Der bedeutendste Reformorden der Gegenreformation waren die Jesuiten bzw. die Gesellschaft Jesu (»Societas Jesu«).

a. Ignatius von Loyola

Der Gründer der Jesuiten war der baskische Edelmann Ignatius von Loyola (1491–1556). In jungen Jahren war er Offizier des Vizekönigs von Navarra. 1521 wurde er bei der Schlacht von Pamplona schwer verwundet. Während der langen Genesungszeit bekehrte sich Ignatius. Nach einer längeren Zeit des Suchens studierte er in Paris und gründete dort 1534 die »Societas Jesu« (Gesellschaft Jesu), die 1540 von Papst Paul III. bestätigt wurde.

b. Universitäten und Kollegien

Die Jesuiten zeichneten sich durch ihre hohe Bildung aus. Sie wirkten als Professoren an den Universitäten und gründeten viele Kollegien (Heime mit höheren Schulen). Sie vermittelten eine fundierte katholische Theologie und prägten die Menschen durch ihre geistlichen Exerzitien. Ihr erklärtes Ziel war die Heranbildung einer katholischen Elite.

c. Mission

Die Jesuiten wurden auch zum größten Missionsorden und schickten ihre Mitglieder in die verschiedenen Kontinente. Sie wirkten vor allem in den Ländern Südamerikas, die durch die

Entdeckungsreisen bekannt geworden waren. Die Jesuiten wirkten aber auch in Asien und drangen bis nach Indien, Japan und China vor.

d. Bekannte Jesuiten

Der Jesuitenorden brachte viele große Gestalten und Heilige hervor, die in den verschiedensten Bereichen zum Wohl der Kirche gewirkt haben:
hl. Franz Xaver (1506–1552): Missionar in Indien und Japan
hl. Petrus Canisius (1521–1597): Theologe, Verfasser verschiedener Katechismen
hl. Robert Bellarmin (1542–1621): Theologe, Wissenschaftler, Großinquisitor
hl. Aloisius von Gonzaga (1568–1591): Einsatz für Arme und Kranke, Patron der Jugend
Matteo Ricci (1552–1610): Astronom und Missionar am Kaiserhof in Peking
Robert de Nobili (1577–1656): Missionar in Indien, Sprachwissenschaftler

DIE GLAUBENSKRIEGE

Im 16./17. Jahrhundert führte der Konflikt zwischen Katholiken und Protestanten zu verschiedenen Glaubenskriegen, die große Teile Europas in Mitleidenschaft zogen.

1. DIE GLAUBENSKÄMPFE IN SPANIEN

a. Die Leitideen Philipps II.

Philipp II. von Spanien (1556–1598) war der Sohn Kaiser Karls V. und herrschte als absolutistischer Monarch. Das oberste Ziel Philipps II. war die Verteidigung des katholischen Glaubens im eigenen Land und in Europa. Dies führte zu verschiedenen Konflikten: Philipp II. verfolgte zunächst alle Ketzer und Nichtchristen in Spanien, bekämpfte dann aber auch den Protestantismus in England, Frankreich und den Niederlanden.

b. Die Glaubenspolitik in Spanien

Philipp II. ließ in Spanien alle Ketzer durch die Inquisition verfolgen. Viele Ketzer wurden zum Tode verurteilt, andere wurden als Sträflinge auf die Galeeren (Kriegsschiffe) geschickt, auf denen sie als angekettete Ruderer zum Einsatz kamen. Philipp II. ließ aber auch die (zwangs)getauften Araber *(Moriscos)* und Juden *(Marranos)* strengstens überwachen. Als diese einen Aufstand wagten, wurden sie von Philipp II. aus Spanien vertrieben.

c. *Der Kampf gegen die niederländischen Calvinern*

Philipp II. versuchte auch die Calviner in den Niederlanden zu bekämpfen, die damals unter spanischer Herrschaft standen. Unter der Schreckensherrschaft des berüchtigten Herzogs von Alba (Fernando Álvarez de Toledo) (1507–1582), Statthalter der Spanischen Niederlande, wurden die calvinischen Führer Egmont und Hoorn enthauptet, 18 000 Calviner hingerichtet und 100 000 Calviner flohen aus dem Land.

2. DIE GLAUBENSKÄMPFE IN ENGLAND

a. *Maria die Katholische*

Nach dem Tod Heinrichs VIII. übernahm seine Tochter Maria (1553–1558), die aus seiner ersten Ehe mit der katholischen Prinzessin Katharina von Aragon stammte, die Regierung. Maria war katholisch und versuchte, England wieder dem Katholizismus zuzuführen. Bald begann sie mit der Verfolgung der Protestanten. Dabei schreckte sie auch vor Hinrichtungen nicht zurück. Maria wird deshalb auch »Maria die Blutige« genannt.

b. *Elisabeth I.*

Auf Maria folgte ihre Halbschwester Elisabeth (1558–1603), die die Tochter Heinrichs VIII. und Anne Boleyns war. Sie ließ die katholische Erneuerung rückgängig machen und führte wieder die anglikanische Kirchenordnung ein. Die katholischen Bischöfe wurden durch anglikanische Bischöfe ersetzt. Die Teilnahme am anglikanischen Gottesdienst war für alle Bürger verpflichtend und wurde mithilfe von Strafandrohungen durchgesetzt.

c. *Die Puritaner*

Elisabeth I. veranlasste auch die Verfolgung der Puritaner. Die Puritaner waren Calviner, die von Frankreich nach England gekommen waren. Die Puritaner widersetzten sich der anglikanischen Kirche, weil diese ihnen zu wenig streng war. Viele Puritaner wanderten nach Amerika aus; im Jahr 1620 fuhren die puritanischen Pilgerväter auf der »Mayflower« nach Übersee.

3. DIE HUGENOTTENKRIEGE IN FRANKREICH

a. *Der Kampf zwischen Katholiken und Calvinern*

Bei den »Hugenottenkriegen« (1562–1598) handelte es sich um einen religiösen Bürgerkrieg zwischen Katholiken und Calvinern, die in Frankreich »Hugenotten« genannt wurden. Der Calvinismus hatte auch in den höchsten Gesellschaftskreisen zahlreiche Anhänger und strebte nach der politischen Macht im Land. Die Führer der Hugenotten waren Admiral Gaspard de Coligny (1519–1572) und Heinrich von Navarra (1553–1610).

b. *Die Bartholomäusnacht*

Die Katholiken riefen zum Kampf gegen die Calviner auf. Ihre Führer waren die katholische Königin Katharina de Medici (1560–1589) und die Herzöge von Guise. Der traurige Höhepunkt der Kämpfe war das Massaker in der sogenannten »Bartholomäusnacht« vom 23. auf den 24. August 1572, bei dem auf Anstiftung der katholischen Kreise 3000 Hugenotten umgebracht wurden.

c. Das Edikt von Nantes

Im Jahr 1594 starb das regierende Königshaus aus und der Hugenottenführer Heinrich von Navarra wurde zum Thronerben. Er musste sich den Thron durch den Übertritt zum katholischen Glauben erkaufen. 1598 erließ Heinrich IV. (1594–1610) das Edikt (Erlass) von Nantes, in dem er den Hugenotten eine beschränkte Religionsfreiheit zugestand. Auf diese Weise kam es zu einem gewissen Ausgleich zwischen Katholiken und Hugenotten.

4. DER DREISSIGJÄHRIGE KRIEG (1618–1648)

a. Die Gründe für den Dreißigjährigen Krieg

Der Dreißigjährige Krieg war zunächst ein religiöser Krieg zwischen Katholiken und Protestanten. Dieser Krieg war aber auch ein politischer Machtkampf zwischen den katholischen Habsburgern und den protestantischen Fürsten in Deutschland, den protestantischen Ländern in Nordeuropa und dem antihabsburgischen Frankreich.

b. Der Verlauf des Dreißigjährigen Krieges

Die katholische Offensive

Zu Beginn des Krieges gelang es der katholisch-habsburgischen Liga unter dem Feldherrn Tilly (1559–1632), die protestantischen Böhmen 1620 in der Schlacht am Weißen Berg bei Prag zu besiegen. In den folgenden Jahren drängten die beiden Feldherren Tilly und Wallenstein (1583–1634) die Protestanten bis an die Nord- und Ostsee zurück.

Die protestantische Gegenoffensive

Im Jahr 1630 begann unter der Führung des schwedischen Königs Gustav Adolf (1611–1632) die Gegenoffensive der Protestanten. Im Jahr 1632 kam es bei Lützen zur entscheidenden Schlacht. Die Schweden gewannen den Kampf, aber Gustav Adolf verlor sein Leben. Bei der darauffolgenden Schlacht bei Nördlingen im Jahr 1634 siegte die Katholische Liga.

Das Eingreifen der Franzosen

Im Jahr 1635 trat Frankreich unter Kardinal Richelieus (1624–1642) Führung auf die Seite der Protestanten und kämpfte gegen die katholischen Habsburger. Der Krieg wurde mit großer Grausamkeit geführt, die Zivilbevölkerung hatte entsetzlich zu leiden. Schließlich waren beide Seiten nach dreißig Jahren Krieg völlig erschöpft.

c. Der Westfälische Friede

Im Jahr 1648 wurde der Westfälische Friede geschlossen, der zu einem Ausgleich zwischen Katholiken und Protestanten führte. Der Augsburger Religionsfrieden von 1555 *(Cuius regio, eius religio)* wurde bestätigt. Die Regelung des Augsburger Religionsfriedens wurde auch auf das calvinische Bekenntnis ausgedehnt. In den habsburgischen Ländern und in Bayern sollte aber nur der Katholizismus Geltung haben.

DIE KATHOLISCHE WELTMISSION

Zu Beginn der Neuzeit kam es infolge der großen Entdeckungsfahrten auch zum Beginn der katholischen Weltmission. Europäische Missionare drangen bis in die entferntesten Länder vor, um dort das Evangelium zu verkünden. Die christlichen Missionare bemühten sich um die einheimischen Völker und verteidigten sie gegen die europäischen Kolonialherren.

1. DIE MISSION IN AFRIKA

a. Die portugiesischen Missionen

Im 16. Jahrhundert gelangten die Portugiesen bei ihrer Suche nach einem Seeweg nach Indien in das südliche Afrika und gründeten dort mehrere Kolonien (Kongo, Angola, Mosambik). Ihnen folgten christliche Ordensleute, die sich in diesen Ländern für die Missionierung der einheimischen Bevölkerung einsetzten.

b. Die Heranbildung eines einheimischen Klerus

Die portugiesischen Missionare bemühten sich um die Heranbildung eines einheimischen Klerus und setzten bereits im Jahr 1518 den ersten einheimischen Bischof ein. Die Ausbreitung des Christentums wurde nicht selten durch den Islam erschwert, der sich ebenfalls um die Missionierung des südlichen Afrika bemühte.

2. DIE MISSION IN SÜDAMERIKA

a. Die spanischen Missionen in Südamerika

Im 16. Jahrhundert begann auch eine umfassende Missionierung in Südamerika. Im Laufe eines Jahrhunderts erfolgte fast die vollständige Missionierung der eingeborenen Völker auf diesem Kontinent. Die katholischen Missionare stellten sich auf die Seite der Einheimischen und verteidigten sie gegen die europäischen Kolonialherren.

b. Die Ausbeutung der Indios

Die spanischen Kolonialherren sahen in den Indios billige Arbeitskräfte und ließen sie in den Bergwerken und in der Landwirtschaft oft schwerste Arbeiten verrichten. Die Bevölkerung wurde durch die schwere Arbeit, aber auch durch eingeschleppte Krankheiten (Masern, Pocken) teilweise ausgerottet.

c. Bartolomé de Las Casas

Gegen diese Missstände trat der spanische Missionar Bartolomé de Las Casas (1484–1566) auf. Er wandte sich an Kaiser Karl V. (1519–1556), der daraufhin verschiedene Gesetze zum Schutz der Indios erließ, die aber weitgehend nicht eingehalten wurden. Als Ersatz für die geschwächten und nahezu ausgerotteten Indios wurden schwarze Sklaven aus Afrika importiert. Auf diese Weise begann der jahrhundertelange Import von Sklaven aus Afrika nach Amerika.

d. Der »Jesuitenstaat« in Paraguay

Im 17. Jahrhundert errichteten die Jesuiten in Paraguay ein eigenes Schutzgebiet für die einheimischen Indios. Sie vermittelten den Einheimischen neben dem christlichen Glauben auch eine Grundausbildung in Lesen, Schreiben, Rechnen, Gesang und Tanz. Das Territorium hatte eine eigene Verwaltung und schützte die Indios vor den Übergriffen der Sklavenjäger. Trotz dieser Erfolge wurde der Jesuitenstaat auf Anordnung des spanischen Königs abgeschafft.

e. Das Gnadenbild von Guadalupe

Ein entscheidender Anstoß zur Christianisierung ganz Südamerikas ging von dem Wallfahrtsort »Nuestra Señora de Guadalupe« in Mexiko aus. Im Jahr 1531 war dort die Gottesmutter mehrmals dem Indio Juan Diego (1474–1548) erschienen. Diese Erscheinung der Gottesmutter führte dazu, dass Millionen Indios den christlichen Glauben annahmen.

3. DIE MISSION IN ASIEN

a. Die verschiedenen Missionsorden

Bereits in der Antike und im Mittelalter kamen die ersten Christen nach Süd- und Ostasien (Apostel Thomas nach Indien; Marco Polo [1254–1324] an den Hof von Kublai Khan [1215–1294] nach Peking). Im 16. Jahrhundert begannen mehrere Missionsorden – wie die Jesuiten, Dominikaner, Franziskaner, Kapuziner, Augustiner und Karmeliter – in Süd- und Ostasien zu wirken.

b. Die Pioniere der Asienmission

Die großen Pioniere der Asienmission waren die Jesuiten Franz Xaver (1506–1552) und Robert de Nobili (1577–1656), die bis nach Indien kamen. Franz Xaver reiste bis nach Japan, um dort das Evangelium zu verkünden. Der Jesuit Matteo Ricci (1552–1610) gelangte an den Kaiserhof von Peking, wo er als Astronom und als Missionar wirken konnte.

4. DER RITENSTREIT

a. Die richtige Form der Verkündigung

Die verschiedenen Orden überlegten, mit welchen Mitteln und in welcher Form sie den christlichen Glauben in den asiatischen Ländern verkünden sollten. Wie weit war es möglich, den christlichen Glauben an die verschiedenen Kulturen anzupassen, ohne die Substanz des Glaubens infrage zu stellen?

b. Für oder gegen die Akkommodation?

Im Laufe der Missionstätigkeit kam es zwischen den verschiedenen Missionsorden wegen der sogenannte »Akkommodation« (= Anpassung des Glaubens an die örtlichen Gegebenheiten) zum sogenannten »Ritenstreit« (Streit über die richtige Form der katholischen Riten). Dieser Streit führte zu heftigen Auseinandersetzungen und gegenseitigen Anklagen in Rom.

c. Für die Anpassung des Glaubens

Die Jesuiten vertraten den Standpunkt, dass man das Christentum nicht im Gewand der europäischen Kultur vermitteln dürfe, sondern es der fernöstlichen Denk- und Lebensweise anpassen müsse. Die Jesuiten vertraten also eine »Inkulturation«, d.h. eine Anpassung des Glaubens an die Kultur des Landes.

d. Gegen die Anpassung des Glaubens

Gegen diese Inkulturation wehrten sich vor allem die Franziskaner und Kapuziner, die in der Akkommodation eine Gefährdung und Verkürzung des Christentums erblickten. Durch diese internen Streitigkeiten verlor das Christentum an Glaubwürdigkeit und Überzeugungskraft. Sehr bald kam es in Japan und China zu blutigen Christenverfolgungen.

DER PROZESS GEGEN GIORDANO BRUNO

Im 16. und 17. Jahrhundert fanden gewaltige weltanschauliche Auseinandersetzungen zwischen der katholischen Kirche und einigen Vertretern anderer bzw. neuer Weltanschauungen statt. In Zusammenhang mit diesen Konflikten steht auch der Prozess der katholischen Kirche gegen Giordano Bruno.

1. EIN BEWEGTES LEBEN

a. Der Eintritt in den Dominikanerorden

Giordano Bruno wurde 1548 in Nola bei Neapel geboren. Bereits in jungen Jahren trat er in den Dominikanerorden ein; 1572 wurde er zum Priester geweiht. Seine vielseitigen Studien führten ihn zu neuen weltanschaulichen Ansichten und veranlassten ihn, 1576 den Dominikanerorden zu verlassen. Für Bruno begann nun eine jahrelange Wanderschaft.

b. Die Wanderschaft durch Europa

Von 1576–1579 hielt sich Bruno an mehreren Orten in Italien auf. 1579 begab er sich nach Genf, wo es aber bald zu einem Konflikt mit den Calvinern kam. 1581 zog Bruno nach Paris, wo er Philosophie und Astronomie lehrte. Von 1583 bis 1585 weilte Bruno in Oxford, wo er wiederum als Professor wirkte. 1586 unterrichtete er in Wittenberg, 1588 hielt er sich in Prag und Helmstedt auf, wo er an der Universität in Helmstedt arbeitete. 1591 erhielt er eine Einladung nach Venedig.

2. EINE PANTHEISTISCHE NATURRELIGION

a. Gott west und wirkt in der Welt

Giordano Bruno verkündete eine pantheistische Naturreligion. Er betrachtete Gott als universalen Geist, der im Universum west und wirkt. Gott war nach seiner Auffassung nicht über und außer der Welt, sondern er sei vielmehr in der Welt und wirke in der Welt als ganzer und in ihren Teilen. Der Kosmos und die Welt waren für Bruno eine Manifestation Gottes.

b. Die Göttlichkeit des Menschen

Bruno lehrte, dass der Mensch dazu berufen sei, nach dem Unendlichen zu streben. Der Geist des Menschen wird von einem *furor eroico,* d. h. von einer heldenhaften, stürmischen Leidenschaft erfasst und kann sich so bis zum Göttlichen aufschwingen. Er wird selbst zu einem Gott und spürt in sich die Harmonie und die Einheit mit dem göttlichen Kosmos.

c. Kabbala und Magie

Bruno vertrat in seinen Schriften auch die Geheimlehren der Kabbala und der Zahlenmagie. Er versuchte die natürliche Magie als eine Wirkung der »Weltseele« und als eine kosmische Kraft zu erklären. Durch die Magie könne der Mensch zur Erkenntnis des göttlichen Einen gelangen.

d. Neuheidnische Naturreligion

Bruno vertrat in seinen Lehren eine pantheistische Weltanschauung. Seine Philosophie stellte in vieler Hinsicht eine Neuauflage der antiken Naturreligionen dar. Sie verkündete das Sein und Wirken Gottes in der Natur, die Vergöttlichung des Menschen und enthielt auch magische Lehren.

3. DIE VERSPOTTUNG DES CHRISTLICHEN GLAUBENS

a. Die Leugnung der christlichen Lehre

Giordano Bruno wandte sich ausdrücklich gegen die christliche Lehre: Er wandte sich gegen einen personalen Gott, gegen die Dreifaltigkeit, gegen die Schöpfung aus dem Nichts. Bruno äußerte sich auch gegen die christlichen Dogmen: Er leugnete die Gottessohnschaft Jesu Christi und die Erlösung durch Jesus Christus, bezeichnete Jesus Christus als Magier und Betrüger, spottete über die hl. Messe und leugnete die Wandlung des Brotes in den Leib Jesu Christi.

b. Der Hass gegen Jesus Christus

Bruno beschreibt Jesus als »einen verächtlichen, gemeinen und unwissenden Menschen ... durch welchen alles entwürdigt, geknechtet, in Verwirrung gebracht und das Unterste zuoberst verkehrt, die Unwissenheit anstelle der Wissenschaft ... der echte Adel zu Unehren und die Niederträchtigkeit zu Ehren gebracht« wurde (Giordano Bruno, »Die Vertreibung der triumphierenden Bestie«, in: Giordano Bruno, *Gesammelte Werke,* Leipzig 1904, Bd. 2, S. 245).

c. *Die Verachtung Jesu Christi*

Für Bruno war der »Nazarener« ein Angehöriger des unwürdigsten und schmutzigsten Geschlechts der Welt und ein Popanz für den blinden Pöbelglauben (Popanz = Schreckgespenst, Vogelscheuche). Bruno wandte sich damit gegen das Geschlecht der Juden und bezeichnete Jesus als eine Witzfigur für das dumme Volk.

4. PROZESS UND TOD

a. *Die Anzeige bei der kirchlichen Inquisition*

Im Jahr 1593 wurde Giordano Bruno in Venedig bei der dortigen kirchlichen Inquisition angezeigt und später an die kirchliche Inquisition nach Rom ausgeliefert, wo er auf der Engelsburg inhaftiert wurde. Bruno wurde der Irrlehre und der Magie angeklagt, auf die nach damaliger Rechtsordnung die Todesstrafe stand.

b. *Die verächtlichen Aussagen über Jesus Christus*

Als besonders schwerwiegend wurden Brunos verächtliche Aussagen über Jesus Christus eingestuft, die er als ehemaliger Priester und Dominikanermönch geäußert hatte. Der Prozess dauerte insgesamt sieben Jahre und wurde auch unter Einbeziehung der Folter abgewickelt. Als Bruno sich weigerte zu widerrufen, wurde er vom kirchlichen Gericht verurteilt.

c. *Giordano Brunos Verbrennung*

Anschließend wurde er vom kirchlichen Gericht der weltlichen Gerichtsbarkeit überstellt. Am 8. Februar 1600 sprach das weltliche Gericht über ihn das Ketzerurteil. Am 17. Februar 1600 wurde er auf dem Campo de' Fiori in Rom bei lebendigem Leib verbrannt. Ein Augenzeuge der Verbrennung berichtet, dass man dem Sterbenden das Kruzifix vorhielt. Giordano Bruno aber wandte verächtlich sein Haupt ab.

5. BEURTEILUNG

a. Die blasphemischen Lehren

Der tiefere Grund für den Konflikt zwischen der Kirche und Giordano Bruno waren seine blasphemischen Lehren über Jesus Christus und die christliche Religion. Die niederträchtigen Aussagen Brunos über Christus und die christliche Religion waren ein direkter Angriff auf die christliche Religion und mussten zu einer scharfen Reaktion der Kirche führen.

b. Die Folter und Verbrennung

Die verächtlichen Lehren Brunos gegen das Christentum verstießen gegen den Respekt, der jeder Religion gebührt und verdienten eine Ermahnung und Bestrafung. Die Folter und die Bestrafung durch den Feuertod verstießen aber eindeutig gegen die Lehre Jesu Christi. Johannes Paul II. hat im Jahr 2000 die Hinrichtung Giordano Brunos als Unrecht bezeichnet.

DER FALL GALILEO GALILEI

Im Rahmen der weltanschaulichen Auseinandersetzungen im 16. und 17. Jahrhundert entstand auch ein Konflikt zwischen der Kirche und dem berühmten Mathematiker und Astronomen Galileo Galilei. Bei dieser Auseinandersetzung ging es um das kopernikanische bzw. heliozentrische Weltbild.

1. DER GROSSE GELEHRTE

a. Studien und Lehrtätigkeit

Galileo Galilei wurde 1564 in Pisa geboren. Er studierte Naturwissenschaft und Medizin. Nach Abschluss der Studien wurde Galilei Professor für Mathematik an der Universität von Pisa und wechselte dann an die Universität von Padua. Seine Forschungen führten ihn zu bahnbrechenden Erkenntnissen und Entdeckungen.

b. Bahnbrechende Entdeckungen

Galilei formulierte das Fallgesetz und das Gesetz der Pendelschwingungen. Er entdeckte mithilfe eines selbst gebauten Fernrohrs die Kraterlandschaft des Mondes und die Mondphasen; er beobachtete als Erster die Sonnenflecken und konnte damit die Umdrehung der Sonne nachweisen; er entdeckte auch vier Jupitermonde und die Phasen der Venus.

2. DER KONFLIKT MIT DER KIRCHE

a. Die kopernikanische Lehre über das Sonnensystem

Galilei war ein überzeugter Vertreter der kopernikanischen Lehre, die den Standpunkt vertritt, dass die Erde sich um die Sonne bewegt. Als er diese Lehre bei seinen Vorlesungen an der Universität von Padua öffentlich verteidigte, geriet er zunehmend in Konflikt mit der katholischen Kirche.

b. Die Infragestellung der biblischen Autorität

Führende Männer der Kirche waren nämlich der Ansicht, dass die Lehre des Kopernikus die Autorität der Bibel infrage stelle: Die heliozentrische Lehre (= Sonne im Mittelpunkt des Planetensystems) würde nämlich einigen Stellen in der Heiligen Schrift widersprechen, die auf die Bewegung der Sonne um die Erde hinweisen (vgl. Jos 10,12–13; Ps 19,6–7).

c. Die Verurteilung des kopernikanischen Systems

Aufgrund einiger Schriften von Theologen und Gelehrten, die sich zugunsten der kopernikanischen Lehre ausgesprochen hatten, befürchtete die Kirche eine Gefährdung der biblischen Lehre über die Welt und den Kosmos. Im Jahr 1616 erließ die Römische Inquisition ein Dekret, in dem die kopernikanische Lehre verurteilt wurde. Die Lehre des Kopernikus sollte nur als wissenschaftliche These, aber nicht als Wahrheit gelten.

d. Die Vorladung vor das kirchliche Gericht

Im Jahr 1616 wurde Galilei von der Römischen Inquisition vorgeladen. Er wurde von Kardinal Bellarmin (1542–1621), der Galilei als Wissenschaftler und als Christen schätzte, im Hinblick auf seine Einstellung zur kopernikanischen Lehre vernommen.

Im Anschluss wurde Galilei ermahnt, sich an das erlassene Dekret der Kirche zu halten.

3. DIE BEGRÜNDUNG DES HELIOZENTRISCHEN WELTBILDS

a. Der Beweis für das heliozentrische System

Galilei versuchte in seinem Werk »Diskurs über Ebbe und Flut« einen wissenschaftlichen Beweis für die Richtigkeit des heliozentrischen Systems zu erbringen. Er behauptete, dass das Phänomen von Ebbe und Flut der empirische Beweis für die Revolution (= Bewegung der Erde um die Sonne) und für die Rotation (= Bewegung der Erde um die eigene Achse) sei.

b. Die Widerlegung des Beweises durch die Jesuiten

Galileo Galileis Begründung für das heliozentrische System wurde jedoch von den Astronomen der Jesuiten abgelehnt. Diese erklärten, dass Ebbe und Flut nicht durch die Revolution und die Rotation der Erde, sondern durch die Anziehung des Mondes bewirkt würden.

4. DER PROZESS GEGEN GALILEI

a. Die erneute Verteidigung der kopernikanischen Lehre

Im Jahr 1631 gab Galilei ein neues Werk mit dem Titel »Dialog über die beiden hauptsächlichen Weltsysteme« heraus. In diesem Werk versuchte er, in Form eines Dialogs die Gründe für das geozentrische System (= Erde im Mittelpunkt) zu entkräften und das heliozentrische System (= Sonne im Mittelpunkt) zu verteidigen.

b. Der Prozess vor der Inquisition

Im Jahr 1632 wurde Galilei von der Römischen Inquisition vorgeladen. Zunächst konnte er wegen einer Krankheit der Vorladung nicht Folge leisten. Im Winter 1633 kam er nach Rom, wo monatelang Verhöre stattfanden, bei denen ihm auch mit der Folter gedroht wurde. Galilei stand während dieser Zeit unter Hausarrest.

c. Galileis erzwungener Eid

Die Inquisition forderte Galilei auf, der kopernikanischen Lehre abzuschwören. Am 22. Juni 1633 leistete Galilei im Dominikanerkloster »Santa Maria sopra Minerva«, dem Sitz der Römischen Inquisition, den geforderten Eid. Er unterwarf sich trotz seiner gegenteiligen Überzeugung der Autorität der Kirche.

5. DIE HINTERGRÜNDE

a. Die Verteidigung der biblischen Autorität

Der hauptsächliche Grund für den Prozess gegen Galilei war die Befürchtung der Kirche, dass durch die Lehre des Kopernikus einige Aussagen der Heiligen Schrift und damit die Glaubwürdigkeit der Bibel infrage gestellt würden. Es sei daran erinnert, dass sich auch Luther, Melanchthon und Calvin gegen die Lehre des Kopernikus ausgesprochen hatten.

b. Galileis falscher Beweis

Die Astronomen aus dem Jesuitenorden akzeptierten den Beweis von Ebbe und Flut nicht, den Galilei für die Bewegung der Erde um die Sonne angeführt hatte. Sie erklärten, dass Ebbe und Flut durch die Anziehung des Mondes verursacht würden.

Die spätere Wissenschaft hat bestätigt, dass die Begründung Galileis für das kopernikanische System falsch war.

c. Die Fehler der Kirche

1. Die Kirche machte Galilei den Prozess und drohte ihm mit der Folter. Sie hätte die Möglichkeit gehabt, ihren Standpunkt ausschließlich mithilfe theologischer und wissenschaftlicher Argumente zu vertreten.
2. Die Kirche kannte damals nicht die später übliche formale Unterscheidung naturwissenschaftlicher und biblischer Aussagen.

Papst Johannes Paul II. hat 1992 den Fall Galilei aufgegriffen und erklärt, dass die Kirche bei diesem Prozess Fehler begangen habe. Der Papst hat Galilei in aller Form rehabilitiert.

DIE TÜRKENKRIEGE

1. DIE BEDROHUNG DER CHRISTENHEIT

a. Die Eroberung des Abendlandes

Im 17. Jahrhundert kam es durch die Türken zu einer gewaltigen Bedrohung der Christenheit. Die Türken versuchten, nach Mitteleuropa vorzustoßen und hatten die Absicht, das österreichische Kernland zu erobern. Sultan Süleyman I. der Prächtige (1520–1566) hatte das Ziel, Westeuropa zu unterwerfen und Rom, die Hauptstadt der Christen, zu besetzen.

b. Die religiöse Bedrohung

Die Bedrohung durch die Türken war nicht nur militärischer und politischer Art. Der Vormarsch der Türken bedeutete auch eine religiöse Bedrohung. Der Islam hatte das Ziel, seine Herrschaft über das Abendland auszudehnen. Die christlichen Völker Europas erkannten sehr klar, dass es bei diesem Kampf gegen die Türken auch um ihre Religion ging.

2. DER VORMARSCH DER TÜRKEN

a. Der Vormarsch der Türken in Südosteuropa

Ab dem beginnenden 14. Jahrhundert fand ein unaufhaltsamer Vormarsch der Türken in Südosteuropa statt. Mit ihrer überlegenen Kavallerie eroberten sie Thrakien und Makedonien, Bulgarien und die Walachei (westlich des Schwarzen Meeres), Serbien und Ungarn. Sie unterwarfen aber auch Syrien, Arabien, Ägypten und Persien.

b. Die Eroberung von Konstantinopel

Im Jahr 1453 eroberte Mehmed II. (1451–1481) Konstantinopel. Der oströmische Kaiser Konstantin XI. (1448–1453) hatte den Westen verzweifelt um Hilfe gebeten, doch dieser ließ die Byzantiner im Stich. Die Türken besetzten die Hagia Sophia und verwandelten sie in eine Moschee. Der Untergang Konstantinopels besiegelte das Ende des Oströmischen Reiches.

3. DIE BEDROHUNG DES ÖSTLICHEN MITTELMEERS

a. Die christliche Allianz gegen die Türken

Nach der Eroberung Konstantinopels bedrohten die Türken zunehmend das östliche Mittelmeer. Sie eroberten die Insel Zypern und strebten nach der Vorherrschaft im Mittelmeerraum. Durch Papst Pius' V. (1566–1572) Bemühen kam es zu einem Bündnis der Flotten von Spanien, Venedig, Genua und Malta.

b. Die Seeschlacht von Lepanto

Im Jahr 1571 gelang es den vereinigten Flotten, die türkische Flotte bei Lepanto (im Golf von Korinth) vernichtend zu schlagen. Der Admiral der christlichen Flotte war der Halbbruder des spanischen Königs Philipp II., Don Juan de Austria (1547–1578). Die Abendländer befreiten 15 000 christliche Sklaven, die auf den türkischen Galeeren als Ruderer dienten.

4. DIE BELAGERUNG VON WIEN

a. Die erste Türkenbelagerung

Nach dem Fall von Konstantinopel drangen die Türken immer weiter in den Balkan vor. Sultan Süleyman I. eroberte Belgrad und besetzte große Teile Ungarns. 1529 fand die erste Türkenbelagerung von Wien statt, die aber keinen Erfolg hatte. Die Türken behielten jedoch die Nachbarländer Österreichs.

b. Die zweite Türkenbelagerung

Im Jahr 1683 rückten die Türken unter dem türkischen Befehlshaber Kara Mustafa (1634–1683) zum zweiten Mal gegen Wien vor. Sie belagerten die Stadt mit einem Heer von 150 000 Mann. Die Verteidigung der Stadt Wien lag in den Händen von Graf Ernst Rüdiger von Starhemberg (1638–1701).

c. Die Drohung des Sultans

Sultan Mehmed IV. (1648–1687) sandte dem österreichischen Kaiser Leopold I. folgende Botschaft: »Wir … werden Dein Ländchen mit diesem Heer … ohne Gnade und Barmherzigkeit mit Hufeisen zertreten und dem Feuer und Schwert überliefern. Vor allem befehlen Wir Dir, Uns in Deiner Residenzstadt Wien zu erwarten, damit Wir Dich köpfen können.«

d. Die Ankündigung der Vernichtung

»Wir werden Dich sowie alle Deine Anhänger vertilgen … Wir werden groß und klein zuerst den grausamsten Qualen aussetzen und dann dem schändlichsten Tod übergeben. Dein kleines Reich will ich Dir nehmen und dessen gesamte Bevölkerung von der Erde fegen« (Walter Sturminger, *Die Türken vor Wien in Augenzeugenberichten,* Düsseldorf 1968, S. 27).

5. DER SIEG ÜBER DIE TÜRKEN

a. Die christliche Allianz

Kaiser Leopold I. (1658–1705) und Papst Innozenz XI. (»Türkenpapst«) (1676–1689) bemühten sich um ein Bündnis verschiedener europäischer Nationen. Es kamen Truppen aus Bayern, Venedig, Spanien und Portugal, um den Österreichern zu helfen. Vor allem aber war es der polnische König Jan III. Sobieski (1674–1696), der mit einem starken Heer nach Wien zog.

b. Die Schlacht gegen die Türken

Am 12. September 1683 kam es zur entscheidenden Schlacht gegen die Türken. Nach einem Gottesdienst auf dem Kahlenberg besiegten die vereinigten Truppen das zahlenmäßig weit überlegene Heer der Türken und trieben es in die Flucht. In Erinnerung an den Sieg über die Türken wurde der 12. September zu einem Marienfeiertag erhoben (Fest Mariä Namen).

c. Marco d'Aviano

Beim Kampf gegen die Türken trat auch der Kapuzinerpater Marco d'Aviano (1631–1699) in Erscheinung. Er war als Innozenz' XI. Beauftragter maßgeblich am Zustandekommen des Bündnisses gegen die Türken beteiligt. Er predigte vor der Schlacht auf dem Kahlenberg und zog dann als Feldgeistlicher mit den Truppen in den Kampf.

6. DIE VERTREIBUNG DER TÜRKEN

a. Prinz Eugen

In den darauffolgenden Jahrzehnten schlug der aus Savoyen stammende österreichische Feldherr Prinz Eugen (1663–1736) mehrmals die Türken. Durch seine Siege bei Zenta (1697), Peterwardein (1716) und Belgrad (1717) vertrieb er sie aus Ungarn und dem nördlichen Balkan.

b. Der Friede von Passarowitz

Nach den Siegen über die Türken wurde der Friede von Passarowitz (1718) geschlossen. Durch diesen Friedensschluss war die Türkengefahr endgültig gebannt. Prinz Eugen, der edle Ritter, wurde in ganz Europa als Befreier von den Türken geehrt. Nach seinem Tod im Jahr 1736 erhielt er ein Ehrengrab im Wiener Stephansdom.

DER ABSOLUTISMUS

1. DER ABSOLUTISTISCHE STAAT

a. Die Staatsform des Absolutismus

Im 17. und 18. Jahrhundert entwickelte sich in mehreren europäischen Ländern die Staatsform des Absolutismus. Diese Regierungsform wurde von der absolutistischen Herrschaft des Monarchen bestimmt, die die Einheit der Nation, des Rechtes und der Religion garantieren sollte. Der Absolutismus führte zu einem streng hierarchischen Staat mit verschiedenen Klassen.

b. Die absolutistische Herrschaftsgewalt

Der absolutistische Herrscher hatte die ausschließliche Vollmacht, Gesetze zu erlassen, ohne dass er selbst an sie gebunden war. Er konnte über Krieg und Frieden entscheiden; er setzte die höchsten Beamten ein, war in Rechtsfragen die letzte Instanz und hatte das Begnadigungsrecht.

c. Das Gottesgnadentum

Der Absolutismus leitete die Macht des Herrschers von der Gnade Gottes ab. Der Herrscher war durch seine Geburt und Herkunft von Gott dazu auserwählt und bestimmt, die Herrschaft zu übernehmen. Der Absolutismus trat daher für ein »Gottesgnadentum« des Herrschers ein, der für seine Herrschaft (nur) vor Gott verantwortlich war.

d. Die Bindung an Religion, Natur- und Völkerrecht

Der absolutistische Herrscher, der von Gottes Gnaden auserwählt worden war, fühlte sich an die Gesetze der Religion, des Natur- und des Völkerrechts gebunden. Die Macht des Herrschers war auch durch das Steuerbewilligungsrecht eingeschränkt und hatte das Eigentum der Untertanen zu garantieren.

e. Die Kunst des Barocks

Die Zeit des Absolutismus wird oft auch als Zeitalter des Barocks bezeichnet. In der Kunst des Barocks kam die Macht des absolutistischen Herrschers und des absolutistischen Staates zum Ausdruck. Dort zeigte sich aber auch das gewaltige Streben einer Freude ausstrahlenden Religion, das in prachtvollen Bauten und Kunstwerken seinen Niederschlag fand.

2. DAS BÜNDNIS VON THRON UND ALTAR

a. Das Bündnis zwischen Herrscher und Kirche

In der Zeit des Absolutismus kam es oft zu einem Bündnis zwischen dem Herrscher und der Kirche. Es wurde also ein Bündnis zwischen »Thron und Altar« eingegangen. Der Herrscher gewährte der Kirche seine großzügige Unterstützung und die Kirche sorgte für die Moral und Untertänigkeit der Gläubigen gegenüber dem Staat.

b. Die Vor- und Nachteile

Das Bündnis zwischen dem Herrscher und der Kirche brachte oft gute Früchte. Vor allem wenn es sich um fromme Herrscher handelte, gereichte es dem Staat und der Kirche zum Segen. Es kam aber auch vor, dass der Staat die Kirche beherrschte oder der hohe Klerus (Bischöfe) zu einer privilegierten Klasse wurde.

3. DIE SCHATTENSEITEN DES ABSOLUTISMUS

a. Die sozialen Ungerechtigkeiten

Der Absolutismus hat trotz der Rückbindung des Herrschers an Gott, Naturrecht und Völkerrecht zu vielen Ungerechtigkeiten geführt. Die oberen Klassen hatten alle Macht in ihren Händen und genossen zahlreiche Privilegien. Die unteren Klassen hatten keinerlei Mitspracherecht und mussten die größte Steuerlast tragen.

b. Die Abhängigkeit der Kirche

Die Kirche befand sich trotz ihres Bündnisses mit dem Staat in einem Abhängigkeitsverhältnis. Verschiedene absolutistische Herrscher versuchten, die Kirche zu einem Instrument ihrer Herrschaft zu machen. Sie mischten sich oft in die innersten Angelegenheiten der Kirche ein und versuchten, sie ganz in ihrem Sinn zu lenken.

4. DER AUFGEKLÄRTE ABSOLUTISMUS

a. Ein Absolutismus im Geist der Aufklärung

In einigen europäischen Ländern (Preußen, Österreich) entwickelte sich der sogenannte »aufgeklärte Absolutismus«. Die betreffenden Monarchen setzten sich im Geist der Aufklärung für das Wohl ihrer Untertanen ein und führten in verschiedenen Bereichen tief greifende Reformen durch.

b. *Die Reformen des aufgeklärten Absolutismus*

Zu den Reformen dieser aufgeklärten Herrscher gehörten die Einführung der Volksschule, die Reform der Justiz und die Abschaffung der Folter. Sie setzten sich auch für die Abschaffung der Leibeigenschaft und des Feudalsystems ein und proklamierten schließlich auch die Religionsfreiheit und die Gleichberechtigung der Religionen und Konfessionen.

5. DIE NATIONALKIRCHEN

In der Zeit des Absolutismus versuchten die verschiedenen Nationalstaaten, eigene Nationalkirchen zu errichten. Das Ziel war die Loslösung der nationalen Kirchen von Rom und die Unterwerfung der Kirche unter die Herrschaft des absolutistischen Regimes. In vielen Bereichen konnte auch eine Einmischung des Staates in innerkirchliche Angelegenheiten festgestellt werden.

a. *Der Gallikanismus*

In Frankreich bildete sich unter der Herrschaft der Kardinäle Richelieu (1624–1642) und Mazarin (1643–1661), vor allem aber unter der Herrschaft König Ludwigs XIV. (1643–1715) die Bewegung des sogenannten »Gallikanismus« (lat. *Gallia* = Gallien – entspricht in etwa dem heutigen Frankreich), der eine weitgehende Eigenständigkeit der französischen Kirche gegenüber Rom anstrebte.

b. *Der Febronianismus*

In Deutschland entwickelte sich ebenfalls eine Bewegung, die eine Nationalkirche zum Ziel hatte. Der führende Kopf dieser

Bewegung war Johann Nikolaus von Hontheim (1701–1790), der als Weihbischof im Bistum Trier wirkte. Unter dem Decknamen »Justinus Febronius« verfasste er ein Werk, in dem er seine Gedanken über eine deutsche Nationalkirche darlegte.

c. Der Josephinismus

In Österreich versuchte Kaiser Joseph II. (1765–1790), die Landeskirche der absoluten Staatshoheit zu unterstellen. Er griff persönlich in die Gestaltung der Gottesdienste ein, verfügte über die kirchlichen Feiertage und legte die Ausbildung der Priester an staatlichen theologischen Fakultäten fest. Unter Joseph II. kam es zur Aufhebung Hunderter Klöster, die nicht im schulischen oder sozialen Bereich tätig waren. Der Kaiser verbot schließlich den direkten Kontakt zwischen den österreichischen Bischöfen und Rom.

DIE FRANZÖSISCHE REVOLUTION

1. DIE PHILOSOPHIE DER AUFKLÄRUNG

a. Eine revolutionäre Philosophie

Im 17./18. Jahrhundert entwickelte sich die Philosophie der Aufklärung, die zu einer revolutionären Veränderung sämtlicher Bereiche führte. Die Aufklärung führte schließlich zur Französischen Revolution, die auch auf die christliche Religion und die katholische Kirche gewaltige Auswirkungen hatte.

b. Die Religion innerhalb der Grenzen der Vernunft

Die Aufklärung erkannte nur jene religiösen Lehren an, die durch die Vernunft begründet werden können. Diese »Religion innerhalb der Grenzen der Vernunft« führte dazu, dass die meisten Aufklärer dem Deismus (Gott nur Schöpfergott) anhingen. Es gab aber auch viele Aufklärer, die sich zum Pantheismus (Gott identisch mit der Natur) oder zum Atheismus bekannten.

c. Die natürliche Religion

Die Aufklärung erkannte nur jene religiösen Lehren an, die der natürlichen Vernunft einsichtig sind. Sie erkannte also nur eine natürliche Religion an und lehnte jede übernatürliche Offenbarungsreligion ab (eine Religion, die auf eine übernatürliche göttliche Offenbarung zurückgeht, z. B. Judentum, Christentum, Islam).

d. *Die religiöse Toleranz*

Die Aufklärung forderte die gegenseitige Toleranz zwischen den verschiedenen Offenbarungsreligionen. Da alle Religionen im Grunde an denselben Gott glauben, seien alle Religionen gleichbedeutend und gleichberechtigt. Die Aufklärung betrachtete die Religionen als verschiedene Wege, die alle zu demselben Ziel führen.

e. *Die Gedankenfreiheit*

Die Aufklärung forderte die Gedankenfreiheit und erlaubte aus diesem Grund nur relative Meinungen. Sie lehnte jeden Anspruch auf den vermeintlichen Besitz der vollen Wahrheit ab. Aus diesem Grund lehnte die Aufklärung auch den Anspruch des Christentums ab, im Besitz der vollen Wahrheit zu sein.

2. DAS FREIDENKERTUM

a. *Der Kampf gegen das Christentum*

Die radikalen Aufklärer waren sogenannte Freidenker und betrachteten das Christentum als eine Religion, die mit der Vernunft unvereinbar sei. Sie lehnten eine Offenbarung und ein Eingreifen Gottes in die Geschichte radikal ab. Sie bekämpften das Christentum als irrationalen Aberglauben.

b. *Die Anklagen gegen die Kirche*

Die radikalen Aufklärer erhoben massive Anklagen gegen die Kirche. Sie warfen der Kirche vor, eine Stätte des Aberglaubens und der Volksverdummung zu sein. Sie beschuldigten sie aber auch, eine Verbündete des Absolutismus zu sein (»Thron und Altar«) und dazu beizutragen, das Volk in Abhängigkeit und Unfreiheit zu halten.

c. Die Vernichtung der Kirche

Die radikale Aufklärung verlangte die Vernichtung der Kirche. Denis Diderot (1713–1784) erklärte: »Die Menschen werden niemals frei sein, bis man nicht den letzten König mit den Eingeweiden des letzten Priesters erdrosselt hat.« Von Voltaire (1694–1778) stammt der bekannte Kampfruf gegen die Kirche: *Écrasez l'infâme!* (»Zermalmt die Niederträchtige!«).

3. DIE FRANZÖSISCHE REVOLUTION

a. Die Einziehung der Kirchengüter

Als es im Jahr 1789 zum Ausbruch der Französischen Revolution kam, stellte sich die Kirche zunächst auf die Seite des dritten Standes, dem die Bürger und Bauern angehörten. Als aber die radikalen Kräfte die Einziehung der Kirchengüter forderten, um damit die Staatsschulden zu bezahlen, entstand ein Konflikt zwischen den Revolutionären und der Kirche.

b. Die Verfolgung des Klerus

Die neue Verfassung der Revolutionäre führte zur völligen Unterwerfung der Kirche und zu ihrer Trennung von Rom. Viele Priester weigerten sich, den Eid auf die neue Verfassung abzulegen. Daraufhin kam es zur Verfolgung des romtreuen Klerus. 40 000 Priester wurden eingekerkert, unzählige wurden in die Strafkolonien nach Mittelamerika deportiert, Tausende wurden hingerichtet.

c. *Die Abschaffung des Christentums*

Im Jahr 1791 kam es zur offiziellen Abschaffung des Christentums und zur Einführung der »Religion der Vernunft«. In der Kirche Notre-Dame in Paris wurde auf dem Hauptaltar eine Hure als »Göttin der Vernunft« verehrt. Es kam zur Abschaffung der christlichen Zeitrechnung und der kirchlichen Feiertage.

d. *Der Aufstand in der Vendée*

In der Region der Vendée im Südwesten von Frankreich kam es zum Aufstand gegen die religiöse Unterdrückung. Daraufhin wurden die Katholiken im Auftrag der Regierung von den berüchtigten »Totenkopf-Kommandos« verfolgt. 117 000 Personen wurden zum Teil auf bestialische Weise umgebracht.

4. DIE VERFOLGUNG DER KIRCHE UNTER NAPOLEON

a. *Die Besetzung des Kirchenstaates*

Im Jahr 1797 besetzte der junge General Napoleon Bonaparte (1769–1821) auf seinem Italienfeldzug die nördlichen Gebiete des Kirchenstaates. 1798 eroberte General Louis-Alexandre Berthier (1753–1815) die Stadt Rom, worauf der Kirchenstaat aufgehoben und die Republik ausgerufen wurde. Papst Pius VI. (1775–1799) wurde trotz seines Alters von einundachtzig Jahren nach Valence in Südfrankreich verschleppt, wo er 1799 starb.

b. Die Trennung von Kirche und Staat

Im Jahr 1799 schloss Napoleon mit der Kirche ein Konkordat (= Abkommen), in dem die Trennung von Kirche und Staat festgeschrieben wurde. Napoleon setzte eine weitreichende Neuordnung der Kirche durch. Er hob viele Klöster auf, schaffte die geistlichen Fürstentümer ab und zog die Kirchengüter ein. Dies führte zu einer weitgehenden Entmachtung und Verarmung der Kirche.

c. Der Widerstand des Papstes

Im Jahr 1804 zwang Napoleon Papst Pius VII. (1800–1823), zu seiner Kaiserkrönung nach Paris zu kommen: Der Papst salbte ihn zum Kaiser, die Krone aber setzte sich Napoleon selbst aufs Haupt. Als Pius VII. in den folgenden Jahren Napoleon Widerstand leistete, besetzten die Franzosen 1808 Rom und den Kirchenstaat und verschleppten ihn nach Fontainebleau in Frankreich. Dort blieb er bis zum Sturz Napoleons im Jahr 1815.

RESTAURATION, LIBERALISMUS UND NATIONALISMUS

1. DIE RESTAURATION

a. Die Wiederherstellung der früheren Verhältnisse

Nach dem Sturz Napoleons kam es beim Wiener Kongress (1814–1815) zur sogenannten Restauration, d. h. zur Wiederherstellung der früheren politischen Verhältnisse auf der Grundlage einer konstitutionellen (an die Verfassung gebundenen) bzw. einer absolutistischen Monarchie. In den katholischen Ländern gewann die Kirche ihren Einfluss weitgehend zurück und wurde wieder zur Verbündeten des Throns.

b. Die Neuordnung der kirchlichen Verhältnisse

Die römische Kirche versuchte mit vielen Ländern ein Konkordat zu schließen, um das Verhältnis zwischen der katholischen Kirche und den einzelnen Ländern neu zu ordnen. Sie verzichtete auf die ehemaligen Kirchengüter, erhielt aber vom Staat gewisse Unterstützungen. In manchen Ländern blieb das alte Staatskirchentum erhalten.

c. Das Wiedererwachen des religiösen Geistes

Nach den Wirren der Aufklärung und des Antiklerikalismus fand ein Wiedererwachen des religiösen Geistes statt. Durch die Romantik erwachte eine neue Wertschätzung der Religion. Die Romantiker hatten eine Vorliebe für das Mittelalter und entdeckten über die großen Werke der mittelalterlichen Kunst und Dichtung auch den Geist des Katholizismus.

d. Die katholischen Kreise in Deutschland

In Deutschland entstanden katholische Kreise, in denen sich gebildete Männer und Frauen trafen. Diese Kreise wirkten in religiöser und kultureller Hinsicht sehr segensreich. Bekannte Gestalten waren die Schriftsteller Clemens Brentano (1778–1842) und Joseph Görres (1776–1848) sowie der große Pastoraltheologe Johann Michael von Sailer (1751–1832).

e. Die katholischen Kreise in Österreich

Auch in Österreich entstanden katholische Kreise. In Wien traf sich ein großer Kreis um Pater Klemens Maria Hofbauer (1751–1820), dem die Dichter Friedrich von Schlegel (1772–1829) und Joseph von Eichendorff (1788–1857), der Maler Philipp Veit (1793–1877) und der Volkswirtschaftler Adam Müller von Nitterdorf (1779–1829) angehörten.

2. LIBERALISMUS UND NATIONALISMUS

a. Liberale Demokratie und nationale Unabhängigkeit

Die Zeit nach dem Wiener Kongress wurde von den zwei großen Strömungen des Liberalismus und des Nationalismus bestimmt. Die Bürger der führenden europäischen Staaten strebten nach mehr bürgerlichen Rechten und mehr Demokratie. Gleichzeitig hatten mehrere europäische Nationen einen eigenen Nationalstaat zum Ziel.

b. Die Gegnerschaft zur katholischen Kirche

Der Liberalismus vertrat in religiöser Hinsicht einen freidenkerischen Standpunkt und betrachtete die katholische Kirche als eine Macht, die sich gegen die Demokratie stellte. Der Nationalismus hingegen lehnte die katholische Kirche als übernationale Institution ab und wollte sie dem Nationalstaat unterordnen.

c. Die Schwierigkeiten des Papstes

Der damalige Papst Pius IX. (1846–1878) stand anfangs gewissen Forderungen des Liberalismus offen gegenüber, musste dann aber sehr bald erfahren, dass hier auch radikale Kräfte am Werk waren, die die Kirche selbst abschaffen wollten. Er zeigte auch Verständnis für die nationale Einigung Italiens, war aber gleichzeitig durch den Kirchenstaat gebunden.

d. Die kirchenfeindlichen Mächte

Es gab damals in Italien verschiedene politische Geheimbünde, die der Kirche feindlich gegenüberstanden. Ebenso waren auch die führenden Männer des *Risorgimento* (»Bewegung für die Einigung Italiens«) wie Camillo Benso di Cavour (1810–1861), Giuseppe Garibaldi (1807–1882) und Giuseppe Mazzini (1805–1872) erklärte Feinde der Kirche. Sie bekämpften die Kirche mit allen Mitteln und versuchten, diese aus dem öffentlichen Leben zu verbannen.

e. Das Ende des Kirchenstaates

Schließlich wurde die Kirche im Jahr 1870 durch die Eroberung des Kirchenstaates vonseiten des italienischen Königreiches gewaltsam ihrer weltlichen Macht beraubt. Dies führte zu einem jahrzehntelangen Rückzug der Kirche aus der aktiven Politik. Papst Pius IX. bezeichnete sich als »Gefangenen des Vatikans«.

Das Ende der weltlichen Macht brachte eine weitgehende Neuorientierung der Kirche mit sich.

3. DER KULTURKAMPF

a. Der Kampf Bismarcks gegen die katholische Kirche

In Deutschland führte der Nationalismus zum sogenannten »Kulturkampf« der preußischen Regierung gegen die katholische Kirche. Nach der Ausrufung des Deutschen Reiches im Jahr 1871 wollte Kanzler Otto von Bismarck (1871–1890) die katholische Kirche dem Staat unterordnen. Er empfand sie als eine fremde und ausländische Macht und versuchte, sie mit verschiedenen Gesetzen zu reglementieren.

b. Die Maßnahmen gegen die Kirche

Diese Gesetze betrafen u. a. die Predigt, die kirchlichen Schulen, die Ausbildung und Anstellung des Klerus. In der Folge wurden sämtliche Klöster aufgehoben, die nicht im Bereich der Krankenpflege tätig waren. Dies führte auch zur Ausweisung verschiedener Orden (Jesuiten, Redemptoristen und Lazaristen). Mehrere Bischöfe kamen ins Gefängnis oder wurden ins Exil geschickt. Die diplomatischen Beziehungen zum Heiligen Stuhl wurden abgebrochen.

c. Die Reaktion des Papstes

Aufgrund dieser kirchenfeindlichen Maßnahmen stellte sich Papst Pius IX. entschieden auf die Seite der deutschen Katholiken und versuchte, sie in ihrem Kampf gegen die preußische Regierung zu unterstützen. Der Papst verfasste eine eigene Enzyklika (Enzyklika *Quod unum),* in der er die kirchenfeindlichen Maßnahmen der preußischen Regierung verurteilte.

d. Die Entstehung des politischen Katholizismus

Auch in Deutschland bildete sich eine starke katholische Opposition, die sich in der »Zentrumspartei« organisierte. Die »Zentrumspartei« bekannte sich zur katholischen Lehre und verteidigte die katholische Kirche gegenüber Bismarck. Schließlich musste er verschiedene Gesetze und Verordnungen zurücknehmen.

e. Die Beilegung des Konflikts

Einige Jahre später erfolgte unter Papst Leo XIII. (1878–1903) eine Annäherung zwischen Rom und der preußischen Regierung, die zur Wiederaufnahme der diplomatischen Beziehungen zwischen dem Heiligen Stuhl und Berlin führte. Schließlich konnte der Konflikt endgültig beigelegt werden.

DAS I. VATIKANISCHE KONZIL

1. DIE EINBERUFUNG DES KONZILS

a. Die Beratungen vor dem Konzil

Papst Pius IX. wollte die aktuellen Fragen und Probleme der Kirche mithilfe eines Konzils erörtern und lösen. Er beriet sich deshalb mit vielen Kardinälen und Bischöfen und erhielt deren Zustimmung zur Einberufung des Konzils. Auch die römische Kurie, die dem Konzil eher abgeneigt gegenüberstand, wurde von ihm konsultiert.

b. Der Beginn des Konzils

Die Ankündigung des Konzils erfolgte anlässlich der Gedenkfeier des Martyriums der Apostel Petrus und Paulus im Jahr 1867. Am 8. Dezember 1869 begann dann das 20. Allgemeine Konzil, das unter dem Namen »I. Vatikanisches Konzil« in die Kirchengeschichte eingegangen ist. An diesem Konzil nahmen über 700 Bischöfe aus aller Welt teil.

2. DIE VERFASSUNG DER KIRCHE

a. Die Konstitution der Kirche

Das Konzil wollte sich in erster Linie mit der Konstitution (= Verfassung, Aufbau) der Kirche befassen. Angesichts der nationalkirchlichen Bewegungen und der kirchenfeindlichen Weltanschauungen, die die Institution und die Einheit der Kirche infrage stellten, wollte die Kirche ihre Konstitution klar und deutlich definieren.

b. Eine zentralistische Kirche

Das Konzil bemühte sich im Sinne der Katholizität (= Allumfassendheit) der Kirche um eine weltweite Organisation der Kirche. Es setzte sich für ihre zentralistische Verfassung ein, um auf diese Weise ihre weltweite Einheit zu garantieren und die Aufsplitterung in einzelne Nationalkirchen zu verhindern.

3. DER VORRANG DES PAPSTES

a. Die zentrale Bedeutung des Papstes

Das Konzil beabsichtigte, die Einheit der Kirche vor allem durch die zentrale Bedeutung des Papstes zu sichern. Der Papst sollte der oberste Lehrer, Priester und Hirte der gesamten Kirche sein. Er sollte aber auch der oberste Regent der gesamten Kirche sein, dem die einzelnen Bischöfe unterstellt waren. Durch diese Regentschaft des Papstes sollte es zu einer straffen Hierarchie und einheitlichen Leitung der Kirche kommen.

b. Der Jurisdiktionsprimat

Die Stellung des Papstes wurde durch den sogenannten Jurisdiktionsprimat hervorgehoben. Unter dem Jurisdiktionsprimat versteht man, dass der Papst die höchste Rechtsinstanz der gesamten Kirche ist. Der Papst kann diesen rechtlichen Vorrang gegenüber den Bischöfen und den Gläubigen geltend machen.

4. DIE UNFEHLBARKEIT DES PAPSTES

a. Die Debatte um die Unfehlbarkeit

Beim Konzil ging es auch um die Frage der Unfehlbarkeit des Papstes. Die Befürworter betrachteten die Unfehlbarkeit als eine Festigung des päpstlichen Lehramtes für die ganze Weltkirche. Die Gegner waren der Ansicht, dass die Unfehlbarkeit als ein Anspruch missverstanden werden könnte, dass der Papst auch in politischen, sozialen und nationalen Fragen die letzte Entscheidung hätte.

b. Die Erklärung der Unfehlbarkeit

Nach langem Ringen verkündete das Konzil in der Konstitution (= Konzilsbeschluss) *Pastor aeternus* die Unfehlbarkeit des Papstes. Die Konstitution erklärt, dass der Papst unfehlbar ist, wenn er in Glaubens- und Sittenfragen *ex cathedra* (»von seinem päpstlichen Lehrstuhl aus«) ein Dogma (unveränderliche Glaubenswahrheit) verkündet. Die Unfehlbarkeit betrifft nicht die politischen, sozialen und nationalen Entscheidungen des Papstes.

5. DIE NATÜRLICHE GOTTESERKENNTNIS

a. Die Leugnung der natürlichen Gotteserkenntnis

Das Konzil setzte sich auch mit der schwierigen Frage der natürlichen Gotteserkenntnis auseinander. Der aufklärerische Skeptizismus vertrat nämlich den Standpunkt, dass man Gott nicht mithilfe der natürlichen Vernunft erkennen könne. Aber auch der protestantische Fideismus (lat. *fides:* Glaube) erklärte, dass die Wahrheit nur im Licht des Glaubens erkannt werden könne.

b. Die Verteidigung der natürlichen Gotteserkenntnis

Das Konzil erklärte, dass Gott mithilfe der natürlichen Vernunft aus den geschaffenen Dingen erkannt werden kann. Die Kirche widersprach mit dieser Lehre dem aufklärerischen Skeptizismus und dem protestantischen Fideismus. Sie berief sich dabei vor allem auf die Lehre des Apostels Paulus im Römerbrief (vgl. Röm 1,19–20a).

6. DAS ENDE DES KONZILS

a. Der Deutsch-Französische Krieg

Das Konzil befand sich noch inmitten intensiver Debatten, als im Jahr 1870 der Deutsch-Französische Krieg ausbrach. Viele Bischöfe aus Frankreich und Deutschland zogen es vor, in ihre Diözesen zurückzukehren. Aufgrund der weiteren Entwicklungen während des Krieges blieben die Bischöfe dann in ihren Ländern.

b. Die Besetzung Roms

Am 20. September 1870 marschierten die italienischen Truppen in Rom ein. Die Besetzung Roms führte zur Beendigung des Konzils. Am 20. Oktober 1870 verkündete Papst Pius IX. die Vertagung des Konzils auf unbestimmte Zeit. Es erfolgte dann keine weitere Einberufung der Konzilsväter.

7. DIE ABSPALTUNG DER ALTKATHOLIKEN

a. Die Ablehnung des Primates und der Unfehlbarkeit

Nach dem Konzil kam es in Deutschland und in anderen Ländern zur Abspaltung der Altkatholiken, die den Primat und die Unfehlbarkeit des Papstes nicht anerkennen wollten. Der führende Vertreter der Altkatholiken war Ignaz von Döllinger (1799–1890), der sich bereits während des Konzils vehement gegen den Primat und die Unfehlbarkeit des Papstes ausgesprochen hatte.

b. Gegen den Ultramontanismus

Die Altkatholiken wandten sich gegen die Bewegung des Ultramontanismus, der sich am Papst in Rom orientierte (*ultramontan* = »jenseits der Berge«; der Papst residiert aus deutscher Sicht jenseits der Alpen in Rom). Die Altkatholiken gründeten eigene Nationalkirchen in den Niederlanden, in Deutschland, Österreich, Tschechien, Polen und in der Schweiz.

DIE SOZIALE FRAGE

1. DIE INDUSTRIELLE REVOLUTION

Im 19. Jahrhundert fand die industrielle Revolution statt, die zur Industriewirtschaft und zur Industriegesellschaft führte. Die Menschen wanderten aus den Dörfern in die Städte, um dort in den Fabriken zu arbeiten. Dabei verloren sie ihre gewohnte Umwelt mit ihrer kulturellen und religiösen Tradition und wurden weitgehend entwurzelt.

a. Die Ausbeutung der Arbeiter

Die industrielle Revolution führte zur kapitalistischen Wirtschaft, die zur Trennung von Kapital und Arbeit führte. Es gab eine kleine Zahl von Unternehmern, die über das nötige Kapital verfügten, um Fabriken aufzubauen. Ihnen stand die große Zahl der Arbeiter gegenüber, die nur über ihre Arbeitskraft verfügten und für einen geringen Lohn arbeiten mussten. Die Folge war die Ausbeutung von Millionen Arbeitern, die oft in größtem Elend lebten.

b. Das Versagen des Staates

Die Ausbeutung der Arbeiter wurde auch durch den liberalen Staat begünstigt, der der Wirtschaft weitgehend freie Hand ließ und sich nicht um den Schutz der ausgebeuteten Arbeiter kümmerte. Aber auch in absolutistisch regierten Staaten gab es keinen Schutz für die Arbeiter. Diese Staaten duldeten auch nicht, dass sich die Arbeiter selbst organisierten, um sich gegen ihre Ausbeutung zu wehren.

c. Das »Kommunistische Manifest«

Im Jahr 1848 erschien das »Kommunistische Manifest« von Marx (1818–1883) und Engels (1820–1895), das sich gegen die Ausbeutung der Arbeiterschaft wandte und zum Kampf gegen die Kapitalisten aufrief. In den folgenden Jahren wurden in allen westeuropäischen Industriestaaten sozialistische und kommunistische Parteien gegründet.

d. Sozialismus und Kommunismus

Der Sozialismus und der Kommunismus strebten zwei grundlegende Veränderungen an: 1) Die privaten Produktionsmittel (privates Kapital, private Fabriken) sollten in kollektive Produktionsmittel (kollektives Kapital, kollektive Fabriken) umgewandelt werden. 2) Die Privatwirtschaft sollte in eine staatliche Wirtschaft umgewandelt werden.

e. Klassenkampf und Revolution

Der Sozialismus und der Kommunismus versuchten, ihre Ziele auf verschiedene Weise zu verwirklichen: Der Sozialismus strebte die Umwandlung der Wirtschaft durch Reformen und durch eine demokratische Politik an, der Kommunismus hingegen wollte dieses Ziel durch den Klassenkampf bzw. eine Revolution des Proletariats (= Arbeiterklasse) erreichen.

2. DIE SOZIALLEHRE DER KIRCHE

a. Die späte Reaktion der Kirche

Die Kirche hat sich in der Zeit der industriellen Revolution in vielfacher Weise um die Linderung der Not bemüht. Sie bemühte sich, durch karitative Hilfswerke für die Schwachen, Armen und Kranken zu sorgen. Das kirchliche Lehramt hat aber erst sehr spät eine »Katholische Soziallehre« entwickelt, die neue Wege zur Bewältigung der sozialen Frage aufzeigte.

b. Die Sozialenzyklika »Rerum novarum«

Papst Leo XIII. (1878–1903) verfasste 1891 die erste Sozialenzyklika mit dem Titel *Rerum novarum*. In dieser Enzyklika bezeichnete der Papst die Lage der Arbeiter als ein »sklavenähnliches Joch«. Er verwies in eindringlicher Weise auf das Elend der Arbeiter und ihrer Familien und erinnerte die Wirtschaftstreibenden und Politiker an ihre Verantwortung.

c. Die Forderungen des Papstes

Der Papst erklärte, dass die Güter der Erde allen Menschen dienen sollten. Er forderte einen gerechten Lohn, der ein menschenwürdiges Leben und die Erhaltung der Familie ermöglichte. Ebenfalls forderte er das Recht auf Eigentumsbildung in Arbeiterhand und verlangte eine staatliche Sozialpolitik sowie die Selbsthilfe der Arbeiter durch Gewerkschaften.

d. Die Ablehnung von Kapitalismus und Sozialismus

Papst Leo XIII. wandte sich in seiner Enzyklika ausdrücklich gegen die kapitalistische Wirtschaft, die die Arbeiter ausbeutete, und gegen den liberalen Staat, der sich nicht um sie kümmerte. Er wandte sich aber auch gegen den Sozialismus und den Kommunismus, der durch die Kollektivierung und Verstaatlichung der Wirtschaft die Arbeiter in eine neue Abhängigkeit führte. Der Papst sprach sich auch gegen den Klassenkampf aus und forderte stattdessen Solidarität mit den Arbeitern.

DIE GROSSEN SOZIALAPOSTEL

In der Zeit der industriellen Revolution gab es in verschiedenen Ländern unermüdliche »Sozialapostel«, die sich für die Belange der Arbeiter einsetzten. Aus den vielen Gestalten sollen hier stellvertretend einige bekannte Persönlichkeiten kurz vorgestellt werden.

1. DON BOSCO

a. Der Jugendapostel

Giovanni Melchiorre Bosco (1815–1888) stammte aus einer Bauernfamilie in Piemont in Italien. In seiner Kindheit und Jugend erlebte er die Not der Bauern. Er übte mehrere handwerkliche Berufe aus und kannte daher die Welt der Arbeit aus eigener Erfahrung. Nach seiner Priesterweihe widmete er sich vor allem den vielen Lehrlingen, die ohne Betreuung in Turin lebten.

b. Die Jugendseelsorge

Don Bosco gründete zunächst ein eigenes Oratorium (katholisches Jugendzentrum), in das er Hunderte Jugendliche aufnahm. Er versuchte, die jungen Leute im christlichen Geist zu erziehen und seelsorglich zu betreuen. Don Bosco sorgte aber auch für eine frohe Freizeitgestaltung. Auf diese Weise rettete er viele junge Menschen aus dem Elend.

c. Die Gründung der Salesianer

Don Bosco gründete einen eigenen Orden für die Jugend, der heute als Salesianerorden bekannt ist. Bis zu seinem Tod 1888 wurden von den Salesianern Don Boscos bereits 250 Häuser in Europa und Lateinamerika eröffnet, in denen von 1846 bis 1888 ca. 130 000 Jungen aufgenommen und ca. 18 000 Lehrlinge ausgebildet wurden. In diesem Zeitraum entschieden sich auch ca. 6 000 dieser Jugendlichen für das Priestertum.

2. ADOLPH KOLPING

a. Der Gesellenvater

Adolph Kolping (1813–865) stammte aus Kerpen bei Köln. Er erlernte zunächst das Schuhmacherhandwerk und lernte dabei die harte Welt der Gesellen kennen, die während ihrer Gesellenzeit oft jahrelang auf »Wanderschaft« waren. Später folgte Kolping seiner Berufung zum Priester und widmete sich ganz der menschlichen und seelsorglichen Betreuung der Gesellen.

b. Die Gründung des Gesellenvereins

Kolping gründete 1852 den »Gesellenverein«, der es sich zur Aufgabe machte, in den Städten eigene Niederlassungen für die wandernden Gesellen zu errichten. Kolping war unermüdlich unterwegs, um neue Gesellenhäuser zu gründen. Bei seinem Tod hatte der Verein 24 000 Mitglieder und 418 Niederlassungen.

3. BISCHOF KETTELER

a. Der Arbeiterbischof

Wilhelm Emmanuel von Ketteler (1811–1877) stammte aus einer adeligen Familie in Münster in Westfalen. Er studierte zunächst Rechts- und Staatswissenschaften und wurde dann Priester. Als Pfarrer wurde er mit der vielfältigen sozialen Not konfrontiert. Er erkannte sehr bald, dass die soziale Not nicht nur durch karitative Einrichtungen gelöst werden konnte.

b. Sozialpolitische Maßnahmen

Ketteler wurde Bischof von Mainz und forderte sozial-politische Maßnahmen zum Schutz der Arbeiter: die Zahlung eines gerechten Lohnes, die Verkürzung der Arbeitszeit, die Gewährung von Ruhetagen, das Verbot der Kinderarbeit, die Abschaffung der Fabrikarbeit von Müttern und jungen Mädchen sowie die Bildung von Arbeitervereinigungen.

4. PATER SCHWARTZ

a. Der Vater der Lehrlinge

Pater Anton Maria Schwartz (1852–1929) stammte aus Baden bei Wien. Er wirkte zunächst als Priester in der Spitalseelsorge bei den Barmherzigen Schwestern in Wien und wurde dort auf die Not der Arbeiter aufmerksam. Im Jahr 1882 gründete er den Katholischen Lehrlingsverein und widmete sich ganz der Lehrlingsseelsorge. Im Jahr 1889 erfolgte die Gründung des Kalasantinerordens, der sich besonders der Betreuung der Arbeiter widmete.

b. Soziale Einrichtungen

Pater Schwartz errichtete mehrere Tagesheimstätten für Lehrlinge. Er eröffnete auch Bildungseinrichtungen für Lehrlinge und bemühte sich um die rechte Gestaltung ihrer Freizeit. Außerdem setzte er sich für den arbeitsfreien Sonntag, den Achtstundentag und eine Sozialversicherung der Lehrlinge ein. Vor allem forderte er eine menschliche Behandlung der jungen Leute.

DIE INNERE ERNEUERUNG DER KIRCHE

1. DIE ERNEUERUNG DER SEELSORGE

a. Papst Pius X., der große Seelsorger

Zu Beginn des 20. Jahrhunderts fand unter Pius X. (1903–1914) eine innere Erneuerung der Kirche statt. Der Papst war ein begnadeter Seelsorger und kannte die vielfältigen Probleme der Pastoral. Er hatte als Pfarrer in Venetien, als Bischof von Mantua und als Patriarch von Venedig zahlreiche seelsorgliche Erfahrungen sammeln können.

b. Die Erneuerung der Liturgie

Das erste Anliegen Pius' X. war die Erneuerung der Liturgie. Der Papst wollte, dass die Menschen während der Messe nicht nur ihre Gebete verrichteten, sondern aktiv an der hl. Messe teilnahmen. Die Liturgie sollte auch durch die Musik gefördert werden. Deshalb bemühte er sich in besonderer Weise um die Förderung des gregorianischen Chorals.

c. Die Erneuerung der eucharistischen Praxis

Die Erneuerung der Liturgie sollte auch durch den häufigeren Empfang der Eucharistie gefördert werden. Papst Pius X. war davon überzeugt, dass der Empfang der Eucharistie für jeden Katholiken von größter Bedeutung ist. Er erlaubte daher den häufigen Empfang der Kommunion und führte auch die Kinderkommunion ein.

d. Die Erneuerung der Priesterausbildung

Ein weiteres Ziel des Papstes war die Verbesserung der priesterlichen Ausbildung. Die Priesterseminare sollten das Gebetsleben fördern, eine lebendige Beziehung zur Eucharistie aufbauen, gute Prediger und Katecheten heranbilden und treue Söhne der Kirche formen. Die erneuerte Ausbildung der Priester führte sehr bald zu einer Zunahme der Priesterberufungen.

e. Die Erneuerung des Katechese

Ein entscheidender Beitrag zur Vertiefung des Glaubens war auch ein neuer Katechismus, der in einer einfachen und klaren Form die Grundwahrheiten der katholischen Lehre vermittelte. Der Katechismus Pius' X. hat über viele Jahrzehnte hinweg die Ausbildung in den Schulen geprägt und der jungen Generation ein solides Grundwissen mitgegeben.

2. DIE ERNEUERUNG DER KURIE

a. Die Erneuerung der römischen Kurie

Papst Pius X. führte auch eine tief greifende Erneuerung der römischen Kurie durch. Das Staatssekretariat wurde neu geordnet und die Kongregationen (Ministerien) wurden verringert. Der Finanzhaushalt wurde neu geregelt und auch das Gerichtswesen *(Sacra Romana Rota)* wurde neu geordnet.

b. Die Erneuerung des Kirchenrechts

Ein überfälliges Problem war auch die Überarbeitung des Kirchenrechts. Das alte Kirchenrecht war eine Sammlung von überlieferten Gesetzen ohne jede Systematik und Einheitlichkeit. In seiner neuen Fassung zeichnete es sich durch einheitliche Prinzipien aus, entsprach aber auch den neuen organisatorischen und administrativen Anforderungen der Kirche.

3. DER EINSATZ IN DER WELT

a. Die Förderung des Laienapostolats

Papst Pius X. versuchte, auch das Laienapostolat zu fördern. Er übertrug den Laien die Aufgabe, den katholischen Glauben in der Welt zu verkünden und eine christliche Gesellschaft aufzubauen. Die Initiative des Papstes führte zur Gründung der Laienbewegung »Katholische Aktion«, die dann unter seinen Nachfolgern weiter ausgebaut wurde.

b. Der politische Einsatz der Katholiken

Die katholischen Laien sollten sich auch in der Politik engagieren. Papst Pius X. erkannte, dass man in einer Zeit der allgemeinen Liberalisierung die Politik nicht kampflos den laizistischen und antikirchlichen Kräften überlassen durfte. Der Papst verpflichtete die katholischen Laien jedoch, ihre politische Tätigkeit im Sinne der kirchlichen Lehre auszuüben.

4. DER KAMPF GEGEN DEN MODERNISMUS

a. Die Kritik am Modernismus

Papst Pius X. erkannte die wachsende Gefahr des Modernismus und verurteilte folgende Irrlehren: die rein innerweltliche Philosophie, den rein subjektiven Glauben, die rein symbolische Deutung der Glaubenswahrheiten, die rein geschichtliche und natürliche Deutung der Heiligen Schrift, die rein immanente Begründung des Glaubens, die umstürzende Veränderung der Kirche.

b. Der Antimodernisteneid

Der Klerus musste den sogenannten »Antimodernisteneid« ablegen, welcher die Priester zur Treue gegenüber der kirchlichen Lehre verpflichtete. Der Großteil des Klerus war bereit, diesen Eid zu leisten. Einige Theologen sahen darin jedoch eine Gefahr für die Freiheit der wissenschaftlichen Forschung, die auch für die Theologie gelten sollte.

5. DER KAMPF GEGEN DIE AUSSCHALTUNG DER KIRCHE

a. Die Eliminierung der Kirche aus der Gesellschaft

Papst Pius X. erkannte auch sehr klar, dass die laizistischen und antiklerikalen Parteien die Religion und die Kirche aus dem öffentlichen Leben verbannen wollten. Die Trennung von Staat und Kirche bedeutete nicht nur die Ausschaltung der Kirche aus der Politik, sondern strebte letztlich nach der Eliminierung des Christentums aus der Gesellschaft.

b. Das Christentum ist eine öffentliche Sache

Pius X. erklärte unmissverständlich, dass sich die christliche Religion nicht auf den religiösen Kult beschränken lasse. Jesus Christus sollte auch im öffentlichen Leben die gebührende Verehrung erfahren. Er hatte den Aposteln auch den Auftrag erteilt, eine neue Gesellschaft aufzubauen. Das Christentum müsse daher auch einen öffentlichen Auftrag erfüllen.

6. KRITIK AN PAPST PIUS X.

Papst Pius X. wurde wegen seines Kampfes gegen den Modernismus oft sehr heftig kritisiert. Dem Papst wurde vorgeworfen, dass er sich den Bestrebungen der Moderne verschlossen und dadurch die Kirche in die Isolation getrieben hätte. Die Kirche hätte dadurch den Anschluss an die Moderne verloren und wäre von vielen Menschen nicht mehr ernst genommen worden.

Diese Kritik übersieht, dass der Modernismus nicht nur Freiheit, Mündigkeit, Demokratie, Toleranz usw. verkündete, sondern sich auch massiv gegen den Glauben, das Christentum und die katholische Kirche einsetzte. Sie vergisst auch, dass viele Vertreter der Moderne trotz ihrer liberalen Grundsätze gegenüber der christlichen Religion und der katholischen Kirche ganz und gar nicht liberal und tolerant dachten und handelten.

DIE KIRCHE IM ERSTEN WELTKRIEG

1. DIE KIRCHE ALLER VÖLKER

a. Die Katholiken in den feindlichen Lagern

Die Kirche war zu Beginn des Ersten Weltkriegs mit der Tatsache konfrontiert, dass die Katholiken gegensätzlichen Lagern angehörten und dass Katholiken gegen Katholiken kämpfen mussten. 124 Millionen Katholiken standen auf der Seite der Entente (Alliierten), 64 Millionen standen auf der Seite der Zentralmächte.

b. Die Kirche aller Völker

Die Kirche fühlte sich nicht nur für die Katholiken verantwortlich, sondern bemühte sich auch um das Wohl aller Völker. Sie suchte nach Möglichkeiten, auf ihre Weise und mit ihren Mitteln zur Überwindung der Feindseligkeiten beizutragen und zwischen den Krieg führenden Völkern zu vermitteln.

2. DAS PRINZIP DER NEUTRALITÄT

a. Die Einhaltung einer strikten Neutralität

Die Kirche bemühte sich um strikte Neutralität. Papst Benedikt XV. (1914–1922) erklärte, dass er als Stellvertreter Christi für alle Menschen da sei und auf allen Seiten des Krieges Kinder habe, für die er Verantwortung trage. Er dürfe nicht auf die trennenden Gründe sehen, sondern müsse auf das gemeinsame Band des Glaubens achten, das die Menschen vereine.

b. Die Voraussetzung für die Vermittlerrolle

Die Kirche wusste, dass eine strikte neutrale Haltung gegenüber den Krieg führenden Mächten die Grundvoraussetzung war, um sich in glaubwürdiger Weise für den Frieden unter den Nationen einzusetzen. Sie vermied es daher, für eine Seite Partei zu ergreifen, und unterließ auch jede Schuldzuweisung.

c. Die Schwierigkeiten der Kirche

Die Kirche hatte es trotzdem nicht leicht, mit den verschiedenen Nationen ins Gespräch zu kommen. Die laizistischen und protestantischen Mächte waren nicht immer an einer Vermittlung durch sie interessiert. Aber auch der Nationalismus der einzelnen Länder war oft ein Hindernis für eine völkerübergreifende Institution wie die katholische Kirche.

3. DIE BEMÜHUNGEN UM DEN FRIEDEN

a. Die diplomatischen Bemühungen

Benedikt XV. bemühte sich mit allen diplomatischen Mitteln um eine Beilegung des Krieges. Der Heilige Stuhl nahm Verhandlungen mit Italien, Österreich-Ungarn, Frankreich, Deutschland und England auf. Trotz vielfacher Anstrengungen war der vatikanischen Diplomatie letztlich kaum Erfolg beschieden.

b. Die Kritik an den Friedensverträgen

Nach dem Ende des Krieges kam es bei den Friedensverträgen von Versailles und Saint-Germain zu einem harten Friedensdiktat der Siegermächte. Der Papst erhob seine warnende Stimme und wies darauf hin, dass die harten Friedensbedingungen nicht dem Frieden und der Versöhnung dienen würden, sondern ein Anstoß für weitere Konflikte seien.

4. DIE KARITATIVEN HILFSMASSNAHMEN

a. Der Einsatz der Kirche

Die Kirche versuchte, durch vielfache karitative Maßnahmen das große Elend der Soldaten und der Zivilbevölkerung zu lindern. Dabei machte sie keinen Unterschied im Hinblick auf die religiöse, nationale oder völkische Zugehörigkeit. Sie versuchte, nach besten Kräften allen Menschen zu helfen, die sich an sie wandten.

b. Die verschiedenen Maßnahmen

Die Kirche bemühte sich um den Austausch von kriegsdienstunfähigen Gefangenen. Sie setzte sich für die Unterbringung von kranken und verwundeten Kriegsgefangenen ein. Sie veranstaltete Geldsammlungen für Kriegerwitwen und Waisenkinder. Sie organisierte auch einen Suchdienst für Vermisste.

c. Die seelsorgliche Betreuung

Die Kirche bemühte sich um die seelsorgliche Betreuung der Soldaten. In allen Heeren mit katholischen Soldaten gab es unzählige Feldgeistliche, die die Soldaten in die Schlachten begleiteten. Diese Priester scheuten keine Strapazen, um den verwundeten und sterbenden Soldaten beizustehen. Viele von ihnen wurden verwundet, viele fanden den Tod an der Front.

5. DIE INTERVENTION FÜR DIE ARMENIER

a. Der Völkermord an den Armeniern

In der Zeit des Ersten Weltkriegs kam es zur grausamen Verfolgung der Armenier durch die Türken. Die türkische Regierung wollte die Zeit des Weltkriegs nutzen, um mit den »inneren Feinden« – den einheimischen Christen – gründlich aufzuräumen. Das Ziel der Verfolgung war die Vertreibung bzw. Vernichtung der Armenier.

b. Die Massendeportationen und Massaker

Im Rahmen des Völkermords an den Armeniern geschahen furchtbare Grausamkeiten: Es kam zu Massendeportationen, zu Todesmärschen, zu Massenhinrichtungen. Tausende Armenier wurden ertränkt und in Schluchten hinabgestürzt. Insgesamt fanden bei dieser Verfolgung 1 bis 1,5 Millionen Armenier den Tod.

c. Die Intervention Benedikts XV.

Papst Benedikt XV. erfuhr über deutsche Politiker und das italienische Außenministerium von der grauenhaften Verfolgung der Armenier. Er wandte sich bereits im September 1915 mit einem Schreiben an den türkischen Sultan Mehmed V. (1909–1918) und forderte ihn auf, dem Genozid (Völkermord) ein Ende zu setzen.

d. Die Reaktion des Sultans

Der Sultan erwiderte nach zwei Monaten, dass es dem unglücklichen Volk bereits spürbar besser gehe. Diese Bemerkung hatte einen zynischen Beigeschmack, da inzwischen bereits große Teile der armenischen Bevölkerung ausgerottet waren. Dennoch erreichte der Papst die Verhinderung mancher Massaker und die Sorge für die hinterbliebenen Kinder.

e. Die Intervention bei der deutschen Regierung

Im Jahr 1918 beauftragte Benedikt XV. den Apostolischen Nuntius Eugenio Pacelli (1876–1958), bei der deutschen Regierung zugunsten der Armenier zu intervenieren. Die Deutschen waren damals jedoch die wichtigsten Verbündeten des Osmanischen Reiches. Sie wollten ihren Bündnispartner nicht verärgern und gaben dem Nuntius daher nur eine ausweichende Antwort.

KOMMUNISMUS, FASCHISMUS UND NATIONALSOZIALISMUS

1. DIE KIRCHE UND DER KOMMUNISMUS

a. Die Verfolgung der Kirche in Russland

Nach der Oktoberrevolution im Jahr 1917 begann unter Lenin (1917–1924) und Stalin (1924–1953) eine unvorstellbare Verfolgung der orthodoxen Kirche: Zehntausende Priester und Gläubige wurden in Lager gebracht. 96 000 Priester, Mönche, Nonnen und Mitarbeiter wurden erschossen. Von 51 000 Kirchen wurden 44 000 zerstört.

b. Die Verfolgung der Kirche in Spanien

In Spanien kam es während des Bürgerkriegs im Jahr 1936 durch die kommunistischen Republikaner zu einer blutigen Verfolgung der katholischen Kirche, der 13 Bischöfe, 4 184 Diözesanpriester und Seminaristen, 2 365 Ordensmänner, 283 Ordensfrauen und mehrere Tausend Laien zum Opfer fielen. Einige Priester wurden durch Kreuzigungen hingerichtet.

2. DIE KIRCHE UND DER FASCHISMUS

a. Die Machtergreifung durch die Faschisten

Im Jahr 1922 kam es in Italien unter Benito Mussolinis (1883–1945) Führung zur Machtergreifung der Faschisten. Angesichts der kommunistischen Bedrohung stand die Kirche dem Faschismus anfangs mit einer gewissen Sympathie gegenüber. Pius XI. (1922–1939) betrachtete Mussolini sogar als einen Mann der Vorsehung.

b. Die Taktik der Faschisten

Die Faschisten erkannten, dass sie nicht gegen die katholische Kirche regieren konnten, der die übergroße Mehrheit der Italiener angehörte. Sie versuchten deshalb 1929, mit den »Lateranverträgen« den Konflikt mit der Kirche aus der Zeit der Einigung Italiens beizulegen. Es wurde ein Konkordat geschlossen, das sowohl dem Staat als auch der Kirche Vorteile einbrachte.

c. Die Abwendung vom Faschismus

Viele Vertreter der Kirche sahen im Faschismus zunächst einen Verbündeten im Kampf gegen den kirchenfeindlichen Liberalismus, Sozialismus und Kommunismus. Doch dann erkannten sie immer mehr sein wahres Gesicht und wandten sich von ihm ab. Es gab auch viele Katholiken, die in der »Resistenza« gegen den Faschismus kämpften.

3. DIE KIRCHE UND DER NATIONALSOZIALISMUS

a. Die antichristliche Einstellung Hitlers

Adolf Hitler (1889–1945) hatte eine zutiefst antichristliche Gesinnung, die er 1933 mit folgenden Worten zum Ausdruck brachte: »Der (italienische) Faschismus mag in Gottes Namen seinen Frieden mit der Kirche machen. Ich werde das auch tun … Das wird mich nicht abhalten, mit Stumpf und Stiel, mit allen seinen Fasern das Christentum in Deutschland auszurotten …« (Hermann Rauschning, *Gespräche mit Hitler*, Zürich 1940, S. 50).

b. Die antikatholische Einstellung Rosenbergs

Auch der Chefideologe des Nationalsozialismus, Alfred Rosenberg (1893–1946), war ein entschiedener Gegner des Christentums und der katholischen Kirche. In seinem Hauptwerk »Der Mythus des 20. Jahrhunderts« beschrieb er das katholische Rom als jene geistige Macht, die die Vernichtung des Deutschen Reiches anstrebe. Er warnte deshalb eindringlich vor dem Mythus des »rasselosen Großrömischen Reiches«.

c. Die Verfolgung der Kirche in Deutschland

Nach der Machtübernahme im Jahr 1933 versuchte Hitler zunächst den Eindruck zu erwecken, als ob er zu einer friedlichen Koexistenz mit der Kirche bereit wäre. Es kam zum Abschluss eines Konkordats (Abkommens) zwischen dem Deutschen Reich und dem Vatikan. Es wurde aber vonseiten des Staates immer wieder gebrochen. Die Kirche versuchte mit zahlreichen Protestnoten, auf die Übergriffe des Staates hinzuweisen.

d. Die Enzyklika »Mit brennender Sorge«

Im Jahr 1937 veröffentlichte Papst Pius XI. (1922–1939) die Enzyklika *Mit brennender Sorge,* in der er die Irrtümer und Übergriffe des Nationalsozialismus in aller Schärfe anprangerte. Die Enzyklika führte zu einer weiteren Verschärfung des Kirchenkampfes in Deutschland.

e. Der Widerstand der Kirche

In Deutschland war ein erheblicher kirchlicher Widerstand gegen den Nationalsozialismus festzustellen. Es gab Bischöfe, Priester, Ordensleute und Laien, die sich gegen den Nationalsozialismus stellten. Von den vielen Gestalten des Widerstands sollen hier stellvertretend zwei besonders bekannte Männer vorgestellt werden.

Bischof Clemens August Graf von Galen

Der Bischof von Münster, Clemens August Graf von Galen (1878–1946), der auch unter dem Namen »Der Löwe von Münster« bekannt ist, prangerte in seinen Predigten und Hirtenbriefen wiederholt die falsche Weltanschauung des Nationalsozialismus und die Übergriffe des Nazi-Regimes an. Besonders eindrucksvoll waren seine Predigten gegen das Euthanasie-Programm, die in ganz Deutschland und auch im Ausland bekannt wurden.

Pater Rupert Mayer SJ

Ein weiterer entschiedener Gegner des Nationalsozialismus war der deutsche Jesuit Rupert Mayer (1876–1945). Im Jahr 1921 wurde Pater Mayer zum Präses der Marianischen Männerkongregation in München bestellt. In seinen Predigten wandte er sich deutlich gegen den Nationalsozialismus. Er wurde mehrmals verhaftet und mit Predigtverbot belegt. Er predigte aber unerschrocken weiter. 1940 wurde er schließlich im Kloster Ettal interniert.

f. Die Opfer der Kirche

Die katholische Kirche hatte während des Nationalsozialismus viele Opfer zu beklagen. Es gab Tausende Priester, Ordensleute und Laien, die in Gefängnissen und Konzentrationslagern einsaßen. Beim Nürnberger Prozess gegen die Nationalsozialisten wurde eine Liste mit den Namen von 5 445 Priestern aus verschiedenen Nationen vorgelegt, die in der Zeit des Nationalsozialismus in den Konzentrationslagern interniert waren.

g. Bekannte Opfer der deutschen Kirche

Bekannte Opfer aus den Reihen der katholischen Kirche Deutschlands sind die Karmelitin Edith Stein (1891–1942), der Berliner Probst Bernhard Lichtenberg (1875–1943), der Jesuit Alfred Delp (1907–1945), der Priester Karl Leisner (1915–1945). Prominente Opfer sind auch die Geschwister Sophie (1921–1943) und Hans Scholl (1918–1943), die der Widerstandsgruppe der »Weißen Rose« angehörten.

h. Bekannte Opfer der österreichischen Kirche

Bekannte Opfer der katholischen Kirche Österreichs sind der Landwirt Franz Jägerstätter (1907–1943), der Innsbrucker Provikar Carl Lampert (1894–1944), der Priester Otto Neururer (1882–1940), der Marianistenpater Jakob Gapp (1897–1943), der Pallottinerpater Franz Reinisch (1903–1942) und die Ordensfrau Maria Restituta Kafka (1894–1943).

DER ZWEITE WELTKRIEG UND DER HOLOCAUST

1. DIE KIRCHE IM ZWEITEN WELTKRIEG

a. Die Bemühungen um den Frieden

Papst Pius XII. (1939–1958) versuchte, im Mai 1939 eine Konferenz einzuberufen, an der Deutschland, Polen, Frankreich und Italien über die Probleme beraten sollten. Doch der Vorschlag des Papstes stieß auf Ablehnung. Ende August 1939 versuchte der Papst verzweifelt, den Krieg zwischen Deutschland und Polen zu verhindern. Doch sein Versuch scheiterte.

b. Die Radioansprachen des Papstes

Papst Pius XII. hielt auch mehrere Radioansprachen, in denen er sich an die Krieg führenden Nationen wandte und sie zum Frieden aufforderte. Besonders beeindruckend war seine Weihnachtsansprache im Jahr 1939, die eine weltweite Beachtung fand und in den meisten Medien kommentiert wurde.

c. Der Kommentar der New York Times

»Die Stimme von Pius XII. ist eine einsame Stimme im Schweigen und in der Dunkelheit … Er ist so ziemlich der einzige Regierende auf dem europäischen Kontinent, der es überhaupt wagt, seine Stimme zu erheben … Er ließ keinen Zweifel daran, dass die Ziele der Nazis mit seiner Auffassung vom Frieden Christi unvereinbar sind.«

d. Das Informationsbüro für die Gefangenen

Der Vatikan gründete auch ein Informationsbüro, das im Sinne des Genfer Abkommens von 1929 für verschiedene Dienste an den Kriegsgefangenen vorgesehen war. Dieses Büro wurde von allen Krieg führenden Ländern, außer von Deutschland und Russland, in Anspruch genommen. Der Leiter des Büros war Giovanni Battista Montini (1897–1978), der spätere Papst Paul VI.

e. Die geplante Abschaffung der Kirche

Hitler plante nach dem siegreichen Ende des Krieges die Abschaffung der katholischen Kirche. Der Nationalsozialismus dachte an die Errichtung einer »deutschen Kirche«, die das Christentum verdrängen sollte. Gegen Ende des Zweiten Weltkrieges wollte Hitler sogar den Vatikan besetzen und Papst Pius XII. nach Liechtenstein entführen lassen. Für diesen Fall hatte Pius XII. bereits eine Erklärung seines Rücktritts verfasst. Er wäre dann nur als Privatperson, aber nicht als Papst entführt worden.

2. DIE KIRCHE UND DER HOLOCAUST

a. Das Bemühen der Kirche

Die Kirche bemühte sich während des Zweiten Weltkriegs auch um das Schicksal der verfolgten Juden. Papst Pius XII. wollte in einer eigenen Enzyklika die Verfolgung der Juden im Dritten Reich anprangern. Doch der deutsche Episkopat befürchtete, dass eine solche Enzyklika die Verfolgung der Juden noch mehr verschärfen würde.

b. Der Hirtenbrief der holländischen Bischöfe

Papst Pius XII. hatte erfahren, dass die holländischen Bischöfe nach dem Einmarsch der Deutschen am 20. Juli 1942 einen Hirtenbrief verfasst hatten, in dem sie gegen die Judenverfolgung der Nationalsozialisten protestiert hatten. Daraufhin waren 40 000 Juden aus Holland in die Vernichtungslager deportiert worden. Zu den Opfern gehörte auch Edith Stein (1891–1942), die sich damals im Karmel von Echt in Holland aufhielt.

c. Die Schwierigkeiten des Papstes

Gerade in dieser Zeit war Papst Pius XII. dabei, einen Protest gegen die Judenverfolgung in Deutschland zu veröffentlichen. Nach den Ereignissen in Holland musste er darauf verzichten. Der Papst überlegte: »Wenn der Brief der holländischen Bischöfe 40 000 Menschenleben kostete, so würde mein Protest vielleicht 200 000 kosten. Das darf und kann ich nicht verantworten« (Zeugnis von Sr. Pascalina Lehnert, der deutschen Haushälterin von Papst Pius XII., in: Pascalina Lehnert, *Ich durfte ihm dienen – Erinnerungen an Papst Pius XII.*, Naumann-Verlag, Würzburg 1983, S. 127).

d. Die Besetzung von Rom

Am 10. September 1943 besetzten die deutschen Truppen die Ewige Stadt. Der SS-Obersturmbannführer Herbert Kappler (1907–1978) verlangte von den Juden Roms 50 Kilogramm Gold oder 300 Geiseln. Die Juden brachten aber nur 35 Kilogramm Gold zusammen. Da wandte sich der Oberrabbiner von Rom, Israel Zolli (1881–1956), an den Papst und bat um Hilfe. Daraufhin wurde die fehlende Goldmenge von der katholischen Kirche aufgebracht.

e. Die Rettung vieler römischer Juden

Die SS hatte von Heinrich Himmler (1900–1945) den Befehl erhalten, die Juden von Rom nach Auschwitz zu deportieren. Auf Weisung von Pius XII. wurden diese in 150 Klöstern und kirchlichen Häusern versteckt. Auf diese Weise konnten 4 447 Menschen jüdischen Glaubens gerettet werden. 1 027 wurden verhaftet und zur Vernichtung nach Auschwitz gebracht.

f. Der Dank an die Kirche

Mehrere große Persönlichkeiten haben das Wirken der Kirche und Papst Pius' XII. zugunsten der Juden gewürdigt. Diese Stellungnahmen prominenter Juden sind beeindruckende Zeugnisse für den Einsatz der Kirche in der Zeit des Nationalsozialismus.

Albert Einstein

Albert Einstein (1879–1955) würdigte das Wirken der Kirche in *The New York Times Magazine:* »Nur die Kirche stellte sich direkt gegen Hitlers Kampagne, die Wahrheit zu unterdrücken. Ich hatte nie ein spezielles Interesse an der Kirche, aber nun fühle ich eine große Zuneigung und Bewunderung, denn nur die Kirche hatte den Mut und die Beharrlichkeit, für die intellektuelle Wahrheit und moralische Freiheit einzustehen« (*The New York Times Magazine,* 23. Dezember 1940).

Golda Meir

Golda Meir (1898–1978), die spätere Ministerpräsidentin von Israel, schrieb anlässlich des Todes von Papst Pius XII.: »In einer Generation, die von Krieg und Zwietracht heimgesucht war, hielt er die Ideale des Friedens und des Mitleids hoch. Als unser Volk während des Naziterrors ein furchtbares Martyrium durchlitt, erhob der Papst seine Stimme für die Opfer.«

Israel Zolli

Israel Zolli (1881–1956) war Oberrabbiner der jüdischen Gemeinde von Rom. In seinem Tagebuch schreibt er: »Kein Held der Geschichte hat ein tapfereres und stärker bekämpftes Heer angeführt als Pius XII. im Namen der christlichen Nächstenliebe … Die Größe der Tragödie hat er ermessen und vorausgesagt: als klare Stimme der Gerechtigkeit und Verteidiger des wahren Friedens.« Israel Zolli trat nach dem Zweiten Weltkrieg zum katholischen Glauben über. Zu Ehren von Papst Pius XII., dessen bürgerlicher Name Eugenio Pacelli lautete, nahm er dessen Taufnamen Eugenio an.

Pinchas Lapide

Der jüdische Professor Pinchas Lapide (1922–1997) schreibt in seinem Werk *Rom und die Juden:* »Die katholische Kirche ermöglichte unter der Amtszeit von Papst Pius XII. die Rettung von mindestens 700 000, wahrscheinlich aber sogar 860 000 Juden vor dem sicheren Tod … Diese Zahlen … übersteigen bei Weitem jene aller anderen Kirchen, religiösen Einrichtungen und Hilfsorganisationen zusammengenommen.« Zitate aus dem Internet-Artikel: http://docplayer.org/20547820-14-pius-xii-und-der-zweite-weltkrieg.html, download: 19.3. 2016.

DAS II. VATIKANISCHE KONZIL

1. DAS BEDEUTENDSTE KIRCHLICHE EREIGNIS

a. Johannes XXIII. und Paul VI.

Das II. Vatikanische Konzil war das bedeutendste kirchliche Ereignis des 20. Jahrhunderts. Es wurde von Papst Johannes XIII. (1958–1963) einberufen und begann am 11. Oktober 1962. Nach dem Tod Johannes' XXIII. im Jahr 1963 führte sein Nachfolger, Papst Paul VI. (1963–1978), das Konzil weiter. Es endete am 8. Dezember 1965.

b. Das globale Konzil

Am II. Vatikanischen Konzil nahmen 2500 Bischöfe aus aller Welt teil. Es wurden auch Beobachter aller großen christlichen Konfessionen eingeladen. Das Konzil wurde auf der ganzen Welt mit großem Interesse verfolgt und durch die zahlreichen Berichterstattungen der modernen Medien zu einem globalen Ereignis.

c. Das »Aggiornamento«

Das Konzil sollte zu einem *Aggiornamento* (ital. »Auf-den-Tag-Bringen«) der Kirche führen bzw. eine Annäherung der Kirche an die Welt von heute herbeiführen. Die Kirche sollte »das Fenster zur Welt öffnen« und die »Zeichen der Zeit« erkennen. Sie sollte die Menschen von heute verstehen und die christliche Botschaft in einer zeitgemäßen Form verkünden.

d. Die Welt von heute

Das Konzil wies auf die starken Veränderungen der modernen Welt hin, die durch die Wissenschaft, die Technik, die Industriegesellschaft, die Verstädterung, die Kommunikationsmittel und die weltweiten Wanderungen bewirkt werden. Durch diese Veränderungen komme es zu großen menschlichen und sozialen Problemen, zu einer Gefährdung der Moral und zum Verlust der Religion. Diese veränderte Welt sei eine große Herausforderung für die Kirche.

e. Die Antwort der Kirche

Das Konzil erklärte, dass die Kirche die Aufgabe habe, einen helfenden Beitrag zur Lösung der vielen Probleme zu leisten. Die Kirche müsse versuchen, im Geist Christi Antworten auf die grundlegenden Fragen zu geben. Dabei ging es um folgende zentrale Fragen: die menschliche Person, die Stellung der Frau, um Ehe und Familie, Kultur, ökonomisches Leben, politisches Leben, den Frieden und die Gemeinschaft der Völker.

2. DIE ERNEUERUNGEN IN DER KIRCHE

Das II. Vatikanische Konzil führte auch zu verschiedenen Erneuerungen innerhalb der Kirche. Diese Erneuerungen waren die Frucht langer Debatten der Konzilsväter, bei denen die verschiedenen Meinungen oft zu harten Auseinandersetzungen führten. Am Ende der Debatten kam es jeweils zu Abstimmungen. Die einzelnen Konzilsbeschlüsse wurden dann von den Päpsten überprüft und approbiert.

a. Die Kollegialität der Bischöfe

Das Konzil bemühte sich um eine neue Art der Zusammenarbeit unter den Bischöfen. Es betonte die Kollegialität der Bischöfe und sprach sich für die Abhaltung von bischöflichen Synoden aus, die zum Wohl der Weltkirche arbeiten sollten. Die Kollegialität der Kirche zeigte sich dann auch in der Errichtung der Bischofskonferenzen in den einzelnen Ländern.

b. Die Liturgie

Das Konzil befasste sich auch mit der Reform der Liturgie. Es wollte das gläubige Volk näher an die Eucharistie heranführen, um es stärker in das eucharistische Geschehen einzubeziehen. Der Priester stand nun am »Volksaltar« und wandte sich unmittelbar dem Volk zu. Das Volk Gottes sollte aktiver an der heiligen Messe teilnehmen. Aus diesem Grund kam es auch zur Einführung der Landessprache bei der heiligen Messe.

c. Das Volk Gottes

Das Konzil wollte auch verdeutlichen, dass die Kirche nicht nur eine Angelegenheit des Papstes, der Bischöfe und der Priester ist. Deshalb bezeichnete es die Kirche auch als das »Volk Gottes«. Die Kirche sollte das pilgernde »Volk Gottes« bilden, dem alle Gläubigen angehören und in dem auch alle Gläubigen mittragen und mitgestalten sollten. Auf diese Weise sollte auch ein neues Zugehörigkeits- und Verantwortungsgefühl entstehen.

d. Die Mitarbeit der Laien

Das Konzil versuchte auch, die Laien (Christen ohne Weihe) stärker als bisher in das kirchliche Geschehen einzubeziehen. Die Laien sollten gewisse Aufgaben in der Kirche übernehmen (Liturgie, Verkündigung, Pfarrei). Sie sollten aber vor allem das

Reich Gottes in der Gesellschaft aufbauen (Ehe, Familie, Arbeit, Kultur, Politik).

e. Die Ökumene

Das Konzil bemühte sich um den Dialog mit den anderen christlichen Konfessionen und versuchte auf diese Weise, die Ökumene (Wiedervereinigung der Christen) zu fördern. Das Konzil wies darauf hin, dass Christus nur eine Kirche wollte. Es müsste daher das Anliegen aller Christen sein, die Spaltungen zu überwinden und nach der Einheit zu streben. Die Einheit sollte unter der Führung des Heiligen Geistes und auf der Grundlage der Wahrheit, der Liebe und der Gerechtigkeit angestrebt werden.

f. Der interreligiöse Dialog

Das Konzil befasste sich auch eingehend mit dem interreligiösen Dialog. Es betonte die Wertschätzung der anderen Religionen und erklärte, dass die katholische Kirche nichts von all dem ablehne, was in diesen Religionen wahr und heilig ist. Das Konzil betonte aber auch, dass die Menschen nur in Jesus Christus die Fülle des religiösen Lebens finden.

g. Die Religionsfreiheit

Das Konzil setzte sich auch für die Religionsfreiheit ein. Die Kirche forderte dieses Recht vor allem im Hinblick auf die vielen (kommunistischen) Länder, in denen es keine Religionsfreiheit gab. Sie erklärte, dass diese zur Würde des Menschen gehöre und der Staat nicht das Recht habe, sie den Menschen vorzuenthalten. Das Konzil betonte aber auch, dass jeder Mensch verpflichtet sei, nach der Wahrheit zu suchen. Religionsfreiheit bedeutet also nicht, dass der Mensch nicht nach der Wahrheit suchen müsste.

AUFBRUCH UND KRISE NACH DEM KONZIL

1. DER AUFBRUCH DER KIRCHE

Nach dem II. Vatikanischen Konzil kam es in der Kirche zu einem großen Aufbruch. Das Konzil hatte ein weltweites Interesse an religiösen Fragen geweckt und den Menschen die Bedeutung der christlichen Botschaft für die Moderne vermittelt. Es führte zu einem großartigen Engagement der Laien in der Kirche und in der Gesellschaft.

a. Die Reisen Papst Pauls VI.

Ein weltweites Zeichen des Aufbruchs waren die Reisen Papst Pauls VI. Im Jahr 1965 fuhr der Papst ins Heilige Land, wo in Jerusalem die historische Begegnung mit dem orthodoxen Patriarchen Athenagoras (1886–1972) stattfand. Im selben Jahr fuhr Paul VI. in die Vereinigten Staaten, wo er in New York vor der Vollversammlung der UNO sprach. Es folgten Reisen nach Indien, Fatima, Istanbul, Kolumbien, Uganda, auf die Philippinen und nach Australien.

b. Die großen Sozialenzykliken

Eine weltweite Botschaft der Kirche waren die Enzykliken *Pacem in terris* von Johannes XXIII. und *Populorum progressio* von Paul VI. Die Enzyklika *Pacem in terris* behandelte die

Voraussetzungen für den Frieden in der Welt, die kurz vor einem 3. Weltkrieg stand (Kuba-Krise 1962: Johannes' XXIII. Vermittlung zwischen Kennedy und Chruschtschow). Die Enzyklika *Populorum progressio* sprach über die Voraussetzungen für den wahren Fortschritt der Völker. Diese Themen waren brandaktuell und sprachen alle Menschen an.

c. Die Politik des Dialogs

Nach dem Konzil kam es zu einer zunehmenden Annäherung zwischen dem Vatikan und den kommunistischen Ländern. Bereits Papst Johannes XXIII. bemühte sich um eine Politik des Dialogs, die unter dem Namen »Ostpolitik« bekannt geworden ist. Der Dialog sollte vor allem dazu dienen, den bedrängten Gläubigen in diesen Ländern gewisse Erleichterungen zu verschaffen. Der langfristige Erfolg der Ostpolitik war allerdings zweifelhaft.

d. Das Volk Gottes

Das II. Vatikanische Konzil führte auch zu großen Veränderungen innerhalb der Kirche. Es entstand ein ganz neues Kirchenbewusstsein bei den Gläubigen. Die Kirche war nun eine Angelegenheit, die das ganze Volk Gottes anging. Das hatte zur Folge, dass das Volk Gottes aufgerufen war, unter der Führung der Hirten an der Gestaltung und an den Entscheidungen der Kirche mitzuwirken. Die Laien übernahmen Aufgaben in der Pfarrei, im Religionsunterricht, in der Erwachsenenbildung, an den Theologischen Fakultäten, in der Kurie.

e. Die Laienbewegungen

Nach dem Konzil begann die Zeit der Laienbewegungen. Die bekanntesten Bewegungen waren die Fokolar-Bewegung von

Chiara Lubich (1920–2008), der Cursillo von Eduardo Bonnín Aguiló (1917–2008), der Neokatechumenale Weg von Kiko Argüello (* 1939), die Charismatische Erneuerung (Gründung 1967), das Opus Dei von Josemaría Escrivá de Balaguer y Albas (1902–1975) und die ökumenische Taizé-Bewegung von Roger Schutz (1915–2005).

f. Der Einsatz für die Armen

In der Zeit nach dem Konzil verstärkte sich auch der Einsatz der Kirche für die armen Völker. Vor allem in Südamerika entstand eine »Option für die Armen«. Die lateinamerikanische Kirche stellte sich bewusst auf die Seite der Armen und kämpfte gegen die diktatorischen Regierungen. Die bekanntesten Vertreter dieser Kirche waren Erzbischof Dom Hélder Câmara (1909–1999) und der ermordete Bischof Óscar Romero (1917–1980).

2. DIE KRISE NACH DEM KONZIL

a. Der »Geist des Konzils«

Nach dem II. Vatikanischen Konzil begann für die Kirche aber auch eine Zeit der Krise. In verschiedenen Bereichen geschahen eigenmächtige Veränderungen, die nicht mit den Lehren und Anordnungen des Konzils übereinstimmten. Die Urheber dieser eigenmächtigen Veränderungen waren meistens namhafte Theologen, die sich auf den »Geist des Konzils« beriefen, was jedoch nicht den Aussagen und Beschlüssen des Konzils entsprach.

b. Die einseitige Ökumene

In der Zeit nach dem Konzil kam es häufig zu einer einseitigen Art von Ökumene. Gewisse Gruppierungen gingen weit über die zulässige Ökumene hinaus. Es erfolgte vor allem in der Begegnung mit den Protestanten eine unzulässige Anpassung, die in verschiedenen Bereichen (Eucharistie, Sakramente, Erlösung, Läuterung u. a.) zu einer teilweisen Preisgabe der katholischen Lehre und Praxis führte.

c. Die liturgischen Experimente

In der Zeit nach dem Konzil kamen auch liturgische Experimente auf, die die würdige Feier der Messe infrage stellten. Es wurden eigenmächtig Texte verwendet, die nicht den liturgischen Texten entsprachen. Es gab Inszenierungen, die die Messe in eine beliebige Veranstaltung verwandelten. Es gab Messen, die zu Pop- und Rock-Konzerten ausarteten.

d. Der Austritt von Priestern und Ordensleuten

Nach dem Konzil verließen Zehntausende Priester und Ordensleute die Kirche. Viele davon waren nicht mehr bereit, den Zölibat einzuhalten. Andere hatten Probleme mit der Autorität und dem Gehorsam. Wieder andere begeisterten sich für revolutionäre Ideologien und setzten sich für gesellschaftspolitische Veränderungen ein.

e. Die theologischen Irrlehren

Nach dem Konzil wurden an vielen Theologischen Fakultäten Lehrmeinungen vertreten, die nicht mit der katholischen Lehre übereinstimmten. In mehreren Fällen kam es auch zu jahrelangen Auseinandersetzungen zwischen namhaften Theologen und der römischen Glaubenskongregation. Die bekanntesten

Fälle waren jene von Edward Schillebeeckx (1914–2009) und Hans Küng (* 1928), die von Rom aufgefordert wurden, ihre Lehren zu revidieren.

f. Die Befreiungstheologie

Nach dem Konzil entstand in Lateinamerika die »Befreiungstheologie«. Die Theologen Gustavo Gutiérrez (* 1928), Leonardo Boff (* 1938), Ernesto Cardenal (* 1925) u. a. bemühten sich, eine gerechte Gesellschaftsordnung im Geist des Evangeliums zu entwickeln. Die »Befreiungstheologie« orientierte sich aber auch an einer marxistisch-sozialistischen Gesellschaftsordnung und kam dadurch in Konflikt mit der kirchlichen Lehre.

g. Das Schisma durch Erzbischof Lefebvre

Im Jahr 1970 kam es durch den französischen Erzbischof Marcel Lefebvre (1905–1991) zur Gründung der Priesterbruderschaft St. Pius X., die sich weigerte, verschiedene Lehren und Neuerungen des II. Vatikanischen Konzils anzunehmen. Die Priesterbruderschaft wandte sich vor allem gegen die liturgische Reform, gegen den Ökumenismus und gegen die Religionsfreiheit im Hinblick auf die Wahl von nicht christlichen Religionen. Erzbischof Lefebvre wurde 1976 nach eingehenden Gesprächen von Papst Paul VI. suspendiert.

DIE KRISE DER WESTLICHEN GESELLSCHAFT

In den Sechzigerjahren des vorigen Jahrhunderts begann sich allmählich eine innere Krise der westlichen Gesellschaft abzuzeichnen, die ungeahnte Ausmaße annehmen sollte und zu einer außerordentlichen Dekadenz vieler westlicher Länder führte.

1. WOHLSTAND UND GENUSS

a. Die Wohlstandsgesellschaft

Ab 1960 erfolgte ein rasanter wirtschaftlicher Aufschwung. Es kam zu einem Wohlstand, wie es ihn noch nie gegeben hatte. Die Menschen hatten die Möglichkeit, das Leben in einer nie gekannten Form zu genießen. Viele arbeiteten Tag und Nacht, um sich alle Annehmlichkeiten der modernen Zivilisation leisten zu können.

b. Die geistige Leere

Der wirtschaftliche Aufschwung hatte aber auch seine negativen Auswirkungen. Es kam in vielen Fällen zu einem Konsumrausch. Darüber hinaus verfielen viele Menschen Lastern, die die Gesellschaft bedrohten (Alkohol, Drogen, Nachtleben). Der einseitige Materialismus führte schließlich zu einer geistigen Leere und religiösen Gleichgültigkeit.

2. DIE 68ER-REVOLTE

a. Die herrschaftsfreie Gesellschaft

Zu einem gewaltigen gesellschaftlichen Umbruch kam es auch durch »68er-Revolte«. Diese Revolte bestand in einer radikalen Kulturrevolution, die eine neue Gesellschaft etablieren wollte. Sie wandte sich gegen die bürgerlich-kapitalistische Gesellschaft und wollte eine neomarxistische »herrschaftsfreie Gesellschaft« aufbauen.

b. Die gesellschaftliche Revolution

Die 68er-Revolte betrachtete die grundlegenden Institutionen der bürgerlichen Gesellschaft als Instrumente der »Unterdrückung«. Zu diesen Institutionen gehörten nach Meinung der 68er die Familie, die Schule, der Staat und die Kirche. Die 68er-Revolte führte daher einen erbitterten Kampf gegen diese Einrichtungen und versuchte, sie abzuschaffen oder in ihrem Sinne zu verändern.

c. Die moralische Revolution

Die 68er betrachteten auch die Moral als ein Instrument der Unterdrückung. Die moralischen Normen würden zur Entfremdung des Menschen führen. Es sei deshalb notwendig, den Menschen von den moralischen Normen und Geboten zu »befreien«. Der Mensch habe als freies Wesen das Recht, nach seinen eigenen Vorstellungen und Neigungen zu leben, und niemand habe das Recht, ihm moralische Vorschriften zu machen.

d. Die feministische Revolution

Im Zuge der 68er-Revolte kam es auch zur feministischen Revolution. Diese Revolution forderte die radikale Selbstbestimmung der Frau. Die Frau dürfe kein »Zweitwesen« sein, das dem Mann und den Kindern diene, sondern müsse nach ihrer »Selbstverwirklichung« streben. Die Frau könne auch über ihren Bauch verfügen und habe ein Recht auf Abtreibung.

e. Die sexuelle Revolution

Im Rahmen der 68er-Revolte erfolgte auch die sogenannte »sexuelle Revolution«, die zur völligen »Befreiung« von allen Werten, Normen und Tabus führte. Sie propagierte die freie Liebe, akzeptierte alle Formen der Partnerschaft und verhöhnte die »christlich-bürgerliche Moral«. Die sexuelle Revolution wurde auch durch die Verhütungsmittel gefördert, die im Rahmen des »Sexualkunde-Unterrichts« angepriesen wurden.

f. Die pädagogische Revolution

Die Vertreter der 68er-Revolte betrachteten die damalige Erziehung als autoritäre Erziehung, die zur Unterdrückung der Jugend führte. An die Stelle dieser autoritären Erziehung sollte nun eine antiautoritäre Erziehung treten, die sich nach den Bedürfnissen und Wünschen der Kinder und Jugendlichen richtete. Die Folgen waren eine mangelnde Orientierung, fehlende Disziplin, ein Rückgang der Leistung und eine Zunahme der Gewalt.

g. Die religiöse Revolution

Die 68er-Revolte war auch gegen die Religion und die Kirche gerichtet. Die Religion wurde im marxistischen Sinn als »Opium des Volkes« betrachtet. Die Kirche wurde als Institution kritisiert, die mit ihren Geboten die Menschen unterdrücke. Sie ei autoritär und gegen die Demokratie. Die Kirche vertrete ein überholtes Weltbild, sie sei leibfeindlich, gegen den Fortschritt usw. Die Kirche müsse mit allen Mitteln bekämpft werden.

h. *Die liberale Revolution*

Im Anschluss an die 68er-Revolte kam es in allen westlichen Staaten zu einer liberalen Revolution, die zur Legalisierung der Scheidung und der Abtreibung führte. Auf diese Weise waren nun die Ehe und das ungeborene Leben ohne jeden rechtlichen Schutz. Die Folge war eine ungeheure Zunahme der Scheidungen und Abtreibungen.

3. DER EINSAME KAMPF DER KIRCHE

a. *Die Konfrontation mit einer gewaltigen Revolte*

Die Kirche sah sich fast über Nacht mit einer gewaltigen Revolte gegen die menschlichen Grundwerte, gegen die Moral und die Religion konfrontiert. Nach dem großen Aufbruch des Konzils erlebte die Kirche nun einen mächtigen Angriff durch die ökonomische, neomarxistische, feministische, sexuelle und liberale Revolution.

b. *Die Enzyklika »Humanae vitae«*

In diesen stürmischen Jahren veröffentlichte Papst Paul VI. im Jahr 1968 die Enzyklika *Humanae vitae*, die sich mit der rechten Weitergabe des Lebens auseinandersetzte. Paul VI. wies auf die Problematik der künstlichen Empfängnisverhütung hin und sagte in prophetischer Weise die Folgen der Verhütungsmittel voraus. Es kam jedoch zu einer radikalen Ablehnung dieser Enzyklika. Auch viele Katholiken (Priester!) kritisierten und verspotteten den Papst.

c. Der Rauch Satans

In den letzten Jahren seines Pontifikats musste Papst Paul VI. einen gewaltigen Niedergang der westlichen Gesellschaft und der Kirche erleben. Er sprach davon, dass »der Rauch Satans durch irgendeinen Riss in den Tempel Gottes eingedrungen« sei (Ansprache in Rom, 29. Juni 1972). Papst Paul VI. erlebte noch die Gewalt der »Roten Brigaden« in Italien und die Ermordung des christlichen Ministerpräsidenten Aldo Moro (1916–1978).

d. Der Tod Papst Pauls VI.

Der große Papst, der sich so sehr für das Konzil und die Erneuerung der Kirche eingesetzt hatte, war am Ende. Paul VI. spürte, dass er nicht mehr die Kraft hatte, um sich den unheilvollen Entwicklungen in der Gesellschaft und der Kirche entgegenzustellen. Der große Konzilspapst starb nach kurzer Krankheit am 6. August 1978 in Castel Gandolfo.

DAS PONTIFIKAT JOHANNES PAULS II.

1. JOHANNES PAUL I.

a. Die Wahl Johannes Pauls I.

Nach dem Tod Pauls VI. wurde der Patriarch von Venedig, Albino Luciani (1912–1978), zum neuen Papst gewählt. Er gab sich den Namen Johannes Paul I. und deutete damit an, dass er das Erbe seiner Vorgänger, Johannes' XXIII. und Pauls VI., fortführen wolle. Der neue Papst verzichtete bei seiner Einführung in das Papstamt auf die Krönung mit der Tiara.

b. Das kurze Pontifikat Johannes Pauls I.

Johannes Paul I. gewann durch seine Liebenswürdigkeit die Sympathie der Katholiken und Nichtkatholiken. Seine lebensnahen Katechesen sprachen die Menschen an und gewannen die Herzen der Menschen. Johannes Paul I. starb bereits 33 Tage nach Antritt seines Pontifikats an Herzversagen. Die Betroffenheit und Trauer in aller Welt waren sehr groß.

2. JOHANNES PAUL II.

a. Der Papst aus dem Osten

Im Oktober 1978 wurde der polnische Kardinal Karol Wojtyla zum Papst gewählt, der sich den Namen Johannes Paul II. gab.

Die Wahl dieses Papstes war eine echte Sensation! Er war nach 455 Jahren der erste nicht italienische Papst (nach dem Holländer Hadrian VI., † 1523), er war auch der erste slawische Papst und kam aus einem kommunistischen Land.

b. Der Mann vieler Prüfungen

Der junge Wojtyla hatte in der Zeit der nationalsozialistischen Herrschaft in Polen in einem Steinbruch und in einem Chemiewerk gearbeitet. In der Zeit der kommunistischen Herrschaft stellte er sich als Bischof mutig gegen die Machthaber. Er war auch ein begnadeter Jugendseelsorger, der sich vor allem um die akademische Jugend kümmerte. Wojtyla war ein bekannter Moraltheologe und eine herausragende Gestalt auf dem II. Vatikanischen Konzil.

c. Der Wahlspruch des Papstes

Johannes Paul II. hatte den Wahlspruch »Totus tuus«, d. h. »Ganz dein«. Dieser Wahlspruch bezog sich auf die Gottesmutter Maria, der der Papst sein Pontifikat in besonderer Weise anvertraute. In seinen Predigten bezog er sich immer wieder auf Maria und rief sie um ihre Fürbitte und ihren Schutz an.

d. Der globale Papst

Johannes Paul II. erwies sich sehr bald als eine globale Gestalt. Er sprach zehn Sprachen und verstand es, die weltweiten Medien optimal zu nutzen. Dieser Papst scheute keine Mühe und kein Opfer, um selbst die entferntesten Länder zu besuchen. Johannes Paul II. trat durch seine weltweiten Reisen mit der ganzen Menschheit in Verbindung und trug das Evangelium bis an die Grenzen der Erde. In 106 Reisen legte er 1,3 Millionen Kilometer zurück.

e. Der Kampf mit dem Kommunismus

Johannes Paul II. verkündete das Christentum auch im kommunistischen Ostblock. Seine Reisen nach Polen stärkten den geistigen und politischen Widerstand gegen das kommunistische Regime. Er unterstützte die Gewerkschaft »Solidarność« unter der Führung von Lech Walesa. Seine Predigten wirkten auch in andere kommunistische Länder hinein und trugen zum späteren Zusammenbruch des Sowjetimperiums bei.

f. Das Attentat auf den Papst

Am 13. Mai 1981 wurde ein Attentat auf den Papst verübt. Während Johannes Paul II. vor 40 000 Pilgern auf dem Papamobil um den Petersplatz gefahren wurde, feuerte der türkische Rechtsextremist Mehmet Ali Agca mehrere Schüsse auf den Papst ab. Johannes Paul II. wurde lebensgefährlich verletzt, konnte jedoch durch eine mehrstündige Operation gerettet werden.

g. Die Hintergründe des Attentats

Das Attentat wurde vermutlich im Auftrag des russischen KP-Chefs Breschnew in Zusammenarbeit mit dem bulgarischen und dem ostdeutschen Geheimdienst begangen. Nach dem Attentat vergab der Papst dem Attentäter und besuchte ihn persönlich im Gefängnis. Die Begegnung zwischen dem Papst und Ali Agca hinterließ weltweit einen tiefen Eindruck.

h. Der Anwalt des Friedens

Johannes Paul II. erhob seine mächtige Stimme gegen die Kämpfe zwischen Israelis und Palästinensern, er verurteilte die Kriege der Amerikaner gegen Kuwait und den Irak. Der Papst wandte sich aber auch gegen die Stammeskriege in Afrika und gegen die Mafia in Italien. Dieser Papst wurde auf Weltebene zum unüberhörbaren Mahner gegen Gewalt und Krieg.

i. Die ökumenischen Treffen

Johannes Paul II. bemühte sich um den Fortschritt der Ökumene. Er besuchte als erster Papst eine lutherische Kirche und traf sich mit führenden Vertretern der protestantischen und anglikanischen Kirche. Es fanden jedoch auch wiederholte Treffen mit den Würdenträgern der orthodoxen Kirche statt.

j. Der interreligiöse Dialog

Johannes Paul II. suchte auch den interreligiösen Dialog. Er lud die Vertreter der Weltreligionen 1986 und 2002 zu einem interreligiösen Treffen nach Assisi ein. Er besuchte als erster Papst die jüdische Synagoge von Rom und traf sich in Israel mit den Vertretern des Judentums. Er besuchte auch als erster Papst eine Moschee und traf sich bei seinen Reisen mehrmals mit hohen Vertretern des Islam. Er war mit dem Dalai Lama befreundet.

k. Der Dialog mit der Wissenschaft

Johannes Paul II. war auch sehr am Dialog mit der Wissenschaft interessiert. Es kam zu vielen Begegnungen mit führenden Wissenschaftlern (z. B. mit dem bekannten englischen Astrophysiker Stephen Hawking) und zu zahlreichen Veranstaltungen der Päpstlichen Akademie der Wissenschaften. Im Jahr 1992 sprach der Papst auch die öffentliche Rehabilitierung Galileis aus und bekannte dabei die Fehler der Kirche beim Prozess gegen ihn.

l. Die Weltjugendtage

Johannes Paul II. verstand es auch, die Jugendlichen zu begeistern. Das zeigte sich besonders bei den Weltjugendtagen, die der Papst eingeführt hatte. In den Jahren seines Pontifikats fanden Weltjugendtage in Rom (1986), Buenos Aires (1987), Santiago de Compostela (1989), Tschenstochau (1991), Denver (1993), Manila (1995), Paris (1997), Rom (2000) und Toronto (2002) statt. Bei den Weltjugendtagen kamen mehrmals über eine Million Jugendliche zusammen.

m. Tod und Begräbnis

Der Tod Johannes Pauls II. im April 2005 löste weltweit große Trauer aus. Zu seinem Begräbnis kamen 3,5 Millionen Menschen nach Rom. Es erschienen auch zahlreiche religiöse Würdenträger und Regierungschefs, u. a. der Ökumenische Patriarch von Konstantinopel, Bartolomaios I., der Papst der koptischen Kirche, Schenuda III., der amerikanische Präsident George W. Bush, UN-Generalsekretär Kofi Annan sowie der iranische Präsident Mohammed Chatami.

DIE KIRCHLICHE ANTWORT AUF DIE FRAGEN DER ZEIT

Johannes Paul II. hat in vielen Rundschreiben und Predigten die Lehre der Kirche entfaltet und sich sehr gründlich mit den Fragen und Problemen der modernen Zeit auseinandergesetzt. Er hatte den Mut, alle heißen Eisen anzufassen und eindeutige Stellungnahmen abzugeben.

1. JESUS CHRISTUS, DER ERLÖSER DES MENSCHEN

In seiner Enzyklika *Redemptor hominis* (1979) stellte der Papst Jesus Christus als den Erlöser des Menschen vor. Durch Jesus Christus erfährt der Mensch die Größe, die Würde und den Wert, die das Menschsein auszeichnen. Im Geheimnis der Erlösung wird der Mensch neu bestätigt und in gewisser Weise neu geschaffen. Es ist die Aufgabe der Kirche, dem Menschen diese Botschaft zu verkünden.

2. DER MISSIONARISCHE AUFTRAG DER KIRCHE

In seiner Enzyklika *Redemptoris missio* (1990) befasste sich der Papst mit dem missionarischen Auftrag der Kirche. Die Kirche habe den Auftrag, Jesus Christus allen Völkern als Mittler allen Heils zu verkünden. Es handelt sich dabei um ein Angebot, das die Freiheit des Menschen respektiert. Die Mission steht unter der Führung des Heiligen Geistes und erfolgt durch Priester und Laien. Sie erfordert das Gebet und das Opfer der ganzen Kirche.

3. DIE GRUNDLAGEN DER MORAL

In seiner Enzyklika *Veritatis splendor* (1993) erklärte der Papst, dass die Moral auf den Grundwerten der Gebote Gottes und des Naturrechts aufbaut. Es handelt sich dabei um universale und unveränderliche Normen, die für alle Menschen und für alle Kulturen gelten. Der Papst warnte vor philosophischen Strömungen, die von einer autonomen Freiheit des Menschen ausgehen, und vor einer Moraltheologie, die zu einer subjektiven Gewissensentscheidung des Menschen führt.

4. DAS EVANGELIUM DES LEBENS

In seiner Enzyklika *Evangelium vitae* (1995) setzte sich der Papst für die Grundwerte des Lebens und für eine »Kultur des Lebens« ein und wandte sich gegen die verschiedensten Angriffe auf das Leben. Er bekämpfte vor allem die Abtreibung und die Euthanasie, aber auch die Empfängnisverhütung und die Sterilisation. Papst Johannes Paul II. wandte sich gegen internationale Institutionen, die mithilfe der Medien eine »Kultur des Todes« verbreiteten.

5. DIE WÜRDE DER FRAU

In seinem Apostolischen Schreiben *Mulieris dignitatem* (1988) befasste sich der Papst mit dem Wesen, der Würde und dem Auftrag der Frau. Er wies darauf hin, dass die Frau auf ihre besondere Weise Abbild Gottes sei und daher auch von Gott ihre besondere Würde erhalte. Der Papst machte auch darauf aufmerksam, dass die Aufgabe der Frau in ihrer Mütterlichkeit bestehe, die sie zum Wohl der ihr anvertrauten Menschen und der Gesellschaft einsetzen solle.

6. DIE GEMEINSCHAFT DER FAMILIE

In seinem Apostolischen Schreiben *Familiaris consortio* (1981) betonte der Papst, dass die Familie eine Gemeinschaft von Mann und Frau und Kindern sei. Die Familie sei aber auch die Zelle der Gesellschaft und die Zelle der Kirche. Der Papst wies darauf hin, dass die Familie für das Überleben der Gesellschaft unentbehrlich sei.

7. DIE THEOLOGIE DES LEIBES

In einer Serie von Katechesen (1979–1984) entwickelte der Papst eine eigene »Theologie des Leibes«, die eine christliche Antwort auf die Frage nach dem tieferen Sinn der Sexualität ist. Der Papst verstand es, den Leib als einen konstitutiven Teil des Menschen darzustellen, in dem das Personsein zum Ausdruck kommt. Auf diese Weise widerlegte der Papst die weitverbreitete Ansicht, dass der Körper nur ein Lustobjekt oder eine Maschine sei.

8. DIE AUSÜBUNG DER ARBEIT

In seiner Enzyklika *Laborem exercens* (1981) wies der Papst darauf hin, dass der Mensch der Urheber und das Ziel der Arbeit sei. Er betonte, dass die Arbeit nicht nur dem Lebensunterhalt, sondern auch der menschlichen Entfaltung dient. Der arbeitende Mensch hat das Recht auf einen gerechten Lohn und auf eine entsprechende Versicherung. Der Papst sprach schließlich auch von einer Spiritualität der Arbeit.

9. DIE SOZIALE FÜRSORGE

In seiner Enzyklika *Centesimus annus* (1991) kritisierte der Papst die freie Marktwirtschaft des neoliberalen Kapitalismus, aber auch den Versorgungsstaat des kollektivistischen Sozialismus und Kommunismus. Er befürwortete eine soziale Marktwirtschaft, die auf der Sozialpartnerschaft von Arbeitgebern und Arbeitnehmern, der Dynamik des Marktes und auf den sozialen Rahmenbedingungen des Staates aufbaut.

10. DER GLAUBE UND DIE VERNUNFT

In seiner Enzyklika *Fides et ratio* (1998) lehrte der Papst, dass sowohl der Glaube als auch die Vernunft bei der Suche nach der Wahrheit behilflich sind. Die Theologie und die Philosophie gehen zwar von verschiedenen Ansätzen aus, unterstützen und durchdringen sich aber gegenseitig. Der Papst würdigte die große Bedeutung der Philosophie bei der Suche nach der Wahrheit. Er wandte sich aber gegen philosophische Strömungen, die von vornherein die Möglichkeit der Wahrheit und der Metaphysik ausschließen (Positivismus, Materialismus, Szientismus, Historismus, Relativismus, Nihilismus).

11. DIE EINHEIT DER CHRISTEN

In seiner Enzyklika *Ut unum sint* (1995) nannte der Papst verschiedene Möglichkeiten, um die Einheit der Christen bzw. die Ökumene zu fördern: das gemeinsame Gebet, den Dialog, die Gewissenserforschung, die Versöhnung sowie die Zusammenarbeit im seelsorglichen, kulturellen und sozialen Bereich. Der entscheidende Punkt sei das Streben nach der Gemeinschaft in der Wahrheit. Hier dürfe es zu keinen Verkürzungen und leichtfertigen »Übereinstimmungen« kommen. Der Papst betonte auch die Aufgabe und die Verpflichtung des Petrusamtes, die Einheit der Christen und der Kirchen zu fördern.

12. ZU BEGINN DES NEUEN JAHRTAUSENDS

In seinem Apostolischen Schreiben *Novo millennio ineunte* (2001) warnte der Papst vor dem ökologischen Zusammenbruch, vor einer globalen Welt ohne Frieden und vor einer planetarischen Ungerechtigkeit. Er forderte die Achtung der Menschenwürde, den Schutz des Lebens, der Ehe und der Familie. Der Papst rief zur Evangelisierung von zwei Dritteln der Menschheit auf, die Christus noch nicht kennen. Er forderte den interreligiösen Dialog, um die religiöse Diskriminierung und gewaltsame religiöse Konflikte zu vermeiden.

13. DIE MUTTER DES ERLÖSERS

In seiner Enzyklia *Redemptoris mater* (1987) erläuterte der Papst die mehrfache Bedeutung Marias für die Heilsgeschichte. Maria ist die Vollerlöste, die Begnadete, und hat durch ihre Zustimmung die Menschwerdung Jesu ermöglicht. Sie war die erste Pilgerin, die Jesus auf seinem Weg begleitete. Sie war und ist die Gegenspielerin der Schlange bzw. Satans. Maria ist auch die Mutter der Kirche. Sie ist die Mutter aller Christen und fördert die Ökumene. Maria ist schließlich die Mutter aller Menschen und führt sie zu ihrem Sohn Jesus Christus.

DIE PROGRESSIVE TRANSFORMATION DER KIRCHE

1. DIE PROGRESSIVE BEWEGUNG

In der Zeit nach dem II. Vatikanischen Konzil begann in den Ländern des Westens (Europa, USA) eine kirchliche Entwicklung, die zu einer inneren Transformation der Kirche führte. Es formierte sich eine sogenannte »progressive« Bewegung, die von Bischöfen, Priestern und Laien getragen wurde. Das Ziel dieser Bewegung war eine moderne Kirche, die dem Denken, den Bedürfnissen und Wünschen des modernen Menschen angepasst sein sollte.

2. DIE GEISTIGEN MASSSTÄBE

Die moderne Kirche sollte sich an folgenden Maßstäben orientieren: die »Zumutbarkeit« des Glaubens, die »Entmythologisierung« der Heiligen Schrift, die Moral nach dem eigenen Gewissen, die Kirche auf demokratischer Basis, die gleichen kirchlichen Funktionen für beide Geschlechter, kein Wesensunterschied zwischen Weihepriestertum und allgemeinem Priestertum, die Autonomie der Ortskirche, die Ökumene der »versöhnten Verschiedenheit«.

3. DIE KONKRETEN FORDERUNGEN

Die moderne Kirche sollte folgende Forderungen erfüllen: die Angleichung von Priestern und Laien, die Freistellung des Zölibats, das Frauenpriestertum, die Anerkennung der nicht ehelichen Verbindungen, die persönliche Entscheidung bei der Empfängnisregelung, den kirchlichen Segen für Zweitehen, die Kommunion für die wiederverheirateten Geschiedenen, die Anerkennung der Homosexualität, die ökumenische Kommunion.

4. DIE MODERNEN IDEOLOGIEN

Die Kirche der Zukunft sollte sich schließlich auch der Denkweise der modernen Ideologien öffnen (Aufklärung, Liberalismus, Neomarxismus, Feminismus usw.). Auf diese Weise wurden auch Weltanschauungen, die in vielen Punkten nicht mit der katholischen Lehre übereinstimmten, zum Maßstab der modernen Kirche. So kam es, dass die moderne Welt zu einem bestimmenden Maßstab der Kirche wurde. Das Ziel war »die Welt von heute in der Kirche«.

5. DER »GEIST DES KONZILS«

Die progressive Bewegung berief sich anfangs auf das II. Vatikanische Konzil, um damit ihre Vorstellungen zu legitimieren. Es zeigte sich aber, dass die Aussagen des Konzils in vielen Punkten nicht den geistigen Prinzipien und Forderungen der progressiven Reformer entsprachen. Daraufhin begann die progressive Bewegung, vom »Geist des Konzils« zu sprechen und versuchte damit, ihre Forderungen als eine Weiterentwicklung des Konzils hinzustellen.

6. DAS VORBILD DES PROTESTANTISMUS

Das große Vorbild der progressiven Bewegung waren die protestantischen Kirchen, die die angeführten Zielsetzungen und Forderungen bereits verwirklicht und somit den »Sprung in die Moderne« geschafft hatten. Die protestantischen Kirchen wurden somit zum großen Vorbild der progressiven Kirchenreform. Das Ziel der progressiven Bewegung war eine weitgehende Anpassung der katholischen Kirche an den Protestantismus.

7. DIE TRANSFORMATION DER KIRCHE

Die progressive Bewegung wollte ihr Ziel nicht durch die Gründung einer eigenen reformierten Kirche, sondern durch eine innere Transformation der katholischen Kirche erreichen. Die Progressiven versuchten daher, die katholische Kirche mithilfe ihrer eigenen Institutionen und Organisationen (Theologische Fakultäten, Bildungshäuser, Laienbewegungen, diözesane Foren, diözesane Synoden, kirchliche Medien) von innen her zu transformieren.

8. DIE »KIRCHE VON UNTEN«

In der progressiven Bewegung gab es auch manche radikalen Vordenker, die für eine »Kirche von unten« mit einer entsprechenden »Basisdemokratie« eintraten. In dieser Kirche sollten die Glaubenslehre, die Moral und die Seelsorge durch demokratische Mehrheitsbeschlüsse und den Konsens der Gläubigen definiert werden. Die Bischöfe sollten nicht mehr die Führung innehaben, sondern nur noch die Vollzugsorgane der »Basis« sein.

9. DIE VERBINDUNG MIT DEN LIBERALEN KRÄFTEN

Die progressive Bewegung verband sich auch mit den liberalen Kräften der Gesellschaft und arbeitete selbst mit kirchenkritischen Gruppierungen zusammen. Sie erhielt von den laizistischen und kirchenkritischen Medien jede Unterstützung. In vielen Fällen merkten die Progressiven nicht, dass sie für die kirchenkritischen Gruppierungen ein willkommenes Instrument für den Kampf gegen die Kirche waren.

10. GEGEN DEN PAPST UND GEGEN ROM

Der Kampf der progressiven Bewegung galt dem Papst und Rom. Sie sah vor allem in Papst Johannes Paul II. den Vertreter eines Katholizismus, der nicht ihrer Vorstellung von der Moderne entsprach. Ihre Vertreter kritisierten seine Art der Kirchenführung und seine Lehren über den Glauben und die Moral als nicht »zeitgemäß«. Johannes Paul II. war für die progressive Bewegung eine Gestalt, die die Kirche zurück in eine Zeit »vor dem Konzil« führte.

11. DIE SPALTUNG DER DEUTSCHSPRACHIGEN KIRCHE

Durch die progressive Transformation kam es zunehmend zu einer inneren Spaltung der deutschsprachigen Kirche. Es entwickelte sich ein jahrzehntelanger Konflikt zwischen den Progressiven und den Konservativen. Der Riss ging mitten durch die Bischofskonferenzen, die Diözesen, die Theologischen Fakultäten, die Pfarreien, die kirchlichen Bewegungen! Dieser innere Kampf nahm der Kirche unheimlich viel Kraft und schadete ihrem öffentlichen Ansehen!

12. DER MANGELNDE WEITBLICK

Die progressive Bewegung ließ den nötigen Weitblick für die negativen Auswirkungen bestimmter Ideologien vermissen. Ihre Vertreter erkannten offensichtlich nicht, dass gewisse Ideologien der Moderne und der Postmoderne zu einer Dekadenz der gesamten westlichen Welt führen würden. Im Gegensatz zu Papst Johannes Paul II. waren sie nicht imstande, dieser Dekadenz des Westens entgegenzuwirken und ihr eine christliche Botschaft mit einer klaren Orientierung und festen Grundwerten entgegenzustellen.

13. DER BEGINN DER AUFLÖSUNG

Die progressive Transformation führte zu einer allmählichen inneren Auflösung der Kirche. Die subtile Infragestellung der Glaubenswahrheiten, der Sakramente, der Moral, der Hierarchie, der Autorität, des Weihepriestertums, der Ehe, der Familie, der Fruchtbarkeit usw. führte dazu, dass sich die Kirche zunehmend selbst infrage stellte. Es gab auch kaum mehr Unterschiede zwischen Kirche und Welt. Die transformierte Kirche hatte das katholische Profil verloren und trat – wie die protestantischen Kirchen – den Weg in die Bedeutungslosigkeit an.

14. EINE TRAGISCHE VERIRRUNG

Der Weg der Progressiven erwies sich letztlich als eine tragische Verirrung. Sie wollten den modernen Menschen für die Kirche gewinnen, erreichten aber genau das Gegenteil. Sie setzten sich mit viel Idealismus für den modernen Menschen ein, hatten aber nicht die Fähigkeit, die »Zeichen der Zeit« vom Zeitgeist zu unterscheiden. Sie wollten sich der modernen Gesellschaft anpassen, erkannten aber nicht die Dekadenz der modernen Gesellschaft. Sie verweltlichten das Evangelium und konnten so die Welt nicht mehr evangelisieren!

PAPST BENEDIKT XVI.

Nach dem Tod von Papst Johannes Paul II. im Jahr 2005 wurde Joseph Kardinal Ratzinger (* 1927) zum Papst gewählt. Er gab sich den Namen Benedikt XVI. Joseph Kardinal Ratzinger war einer der prominentesten Theologen der Kirche und kannte als ehemaliger Präfekt der römischen Glaubenskongregation die gesamte katholische Kirche. Der Papst aus Deutschland kannte aber auch wie kein anderer die Krise der westlichen Welt und die vielen Schwierigkeiten innerhalb der Kirche.

1. DER THEOLOGE AUF DEM PAPSTTHRON

a. Der Verkünder der christlichen Botschaft

Papst Benedikt XVI. blieb auch als Papst der große Theologe und Lehrer der christlichen Botschaft. Er verkündete trotz der »heulenden Wölfe« das unverkürzte Evangelium und die unverkürzte christliche Moral. Seine Ansprachen und Katechesen waren stets von großer Klarheit und ließen keine Mehrfachdeutungen zu.

b. Die Bücher und Schriften

Der deutsche Papst verstand es, durch seine zahlreichen Bücher und Schriften die suchenden und kritisch fragenden Menschen anzusprechen. Seine Enzykliken *Deus caritas est* (2005), *Spe salvi* (2007) und *Caritas in veritate* (2009) fanden große Beachtung.

Sein dreibändiges Werk *Jesus von Nazareth* (2006–2012) wurde zu einem Bestseller.

c. Die Diktatur des Relativismus

Papst Benedikt XVI. kam schon vor seiner Wahl bei der Eröffnung des Konklaves auf die geistige Gefährdung des Westens zu sprechen. Er wies darauf hin, dass die Ideologien von einem Extrem in das andere übergingen. Er warnte vor einer Diktatur des Relativismus, die nichts als endgültig anerkennt und als letztes Maß nur das eigene Ich und seine Gelüste gelten lässt.

d. Die Auseinandersetzung mit der Genderideologie

Ein weiteres zentrales Thema Papst Benedikts XVI. war die Genderideologie. Er kritisierte an dieser Lehre, dass sie das Geschlecht nicht mehr als eine Vorgabe der Natur, sondern als eine selbst gewählte soziale Rolle des Menschen betrachte. Der Papst verwies auf die tiefe Unwahrheit dieser Theorie und auf die in ihr liegende anthropologische Revolution.

2. DIE ERNEUERUNG DER KIRCHE

a. Die würdige Feier der Liturgie

Papst Benedikt XVI. bemühte sich in besonderer Weise um eine würdige Feier der Liturgie. Immer wieder wies er darauf hin, dass bei der Eucharistie das tiefste Mysterium des katholischen Glaubens gefeiert werde. Der Papst gestattete neben der hl. Messe nach dem Ritus des II. Vatikanischen Konzils auch die Feier der hl. Messe nach dem tridentinischen Ritus.

b. Das »Jahr des Priesters«

Für 2009/2010 rief Papst Benedikt XVI. ein »Jahr des Priesters« aus, das die Erneuerung und Vertiefung des Priestertums zum Ziel hatte. Im Jahr 2009 fanden in Ars spezielle Exerzitien statt, an denen 1 300 Priester aus 90 Ländern teilnahmen. Im Jahr 2010 waren bei der Abschlussmesse auf dem Petersplatz in Rom 17 000 Priester aus über 100 Ländern anwesend.

c. Das »Jahr des Glaubens«

Für 2012/2013 rief Papst Benedikt XVI. ein »Jahr des Glaubens« aus, das vor allem die Liturgie stärken sollte. Es sollten aber auch die Inhalte des Glaubens wiederentdeckt werden. Und schließlich sollte dieses Jahr auch dazu beitragen, dass das Zeugnis des Lebens der Gläubigen an Glaubwürdigkeit gewinnt.

d. Die »Entweltlichung« der Kirche

Papst Benedikt XVI. wies darauf hin, dass die Kirche häufig Gefahr läuft, dass sie »zufrieden wird mit sich selbst, sich in dieser Welt einrichtet, selbstgenügsam ist und sich den Maßstäben der Welt angleicht. Um ihrem eigentlichen Auftrag zu genügen, muss die Kirche immer wieder die Anstrengung unternehmen, sich von dieser ihrer Verweltlichung zu lösen und wieder offen auf Gott hin zu werden« (Benedikt XVI., Ansprache in Freiburg, 25. November 2011).

e. Der Brief an die Piusbruderschaft

Im Jahr 2009 verfasste Papst Benedikt XVI. einen persönlichen Brief an die traditionalistische Piusbruderschaft, in dem er die Bereitschaft zur Rücknahme der Exkommunikation von vier Bischöfen der Bruderschaft mitteilte. Der Papst wünschte aber, dass die Bruderschaft die notwendigen Schritte zur vollen

Einigkeit mit der Kirche setzen sollte. Dazu gehörte die Anerkennung des Lehramtes und der Autorität des Papstes und des II. Vatikanischen Konzils.

3. DER GLOBALE EINSATZ

a. Die Reisen des Papstes in alle fünf Kontinente

Zahlreiche pastorale Reisen führten Papst Benedikt XVI. in die meisten europäischen Länder, nach Nord- und Südamerika, in den Nahen Osten, nach Afrika und nach Australien. Besonders schwierig waren die Reisen nach Auschwitz (2006), in die Türkei (2006), nach Israel (2009) und Palästina (2009).

b. Die Begegnung mit der Weltjugend

Bei seinen Reisen suchte Papst Benedikt XVI. stets den Kontakt mit der Jugend. Er reiste auch zu den Weltjugendtagen nach Köln (2005), Sydney (2008) und Madrid (2011). Diese Weltjugendtage mobilisierten Hunderttausende Jugendliche und waren ein entscheidender Beitrag zur Evangelisierung der jungen Generation.

c. Der Dialog mit den Konfessionen und Religionen

Papst Benedikt XVI. bemühte sich um den Dialog mit den Vertretern der Orthodoxen (Türkei 2006), der Anglikaner (Vereinigtes Königreich 2010) und der Lutheraner (Deutschland 2011). Es kam auch zu beeindruckenden Begegnungen mit Würdenträgern des Islam (Türkei 2006), des Judentums (Israel 2009) und der Weltreligionen (Assisi 2011).

4. DIE LEIDVOLLEN ERFAHRUNGEN

a. Die Regensburger Rede

Im Jahr 2006 hielt Papst Benedikt XVI. eine Rede in Regensburg, in der er über die Unvereinbarkeit von Religion und Gewalt sprach. Dabei zitierte er eine Aussage des byzantinischen Kaisers Manuel II. Palaiologos (1391–1425), dass Mohammed seinen Anhängern vorgeschrieben habe, den Glauben durch das Schwert zu verbreiten. Nach dieser Rede kam es zu Protesten in der ganzen islamischen Welt.

b. Die Rehabilitierung Bischof Williamsons

Im Jahr 2009 gab es massiven Protest, als Papst Benedikt XVI. Bischof Richard Williamson von der Priesterbruderschaft Pius X. rehabilitierte. Der Bischof hatte kurz zuvor in einem Interview den Holocaust geleugnet. Der Papst war über dieses Interview nicht informiert worden, und so schien es, als ob er einen Leugner des Holocaust rehabilitieren wollte.

c. Die vielen Missbrauchsfälle

Papst Benedikt XVI. wurde auch in schmerzlicher Weise mit den vielen Missbrauchsfällen konfrontiert, die in den Jahren seines Pontifikats aufgedeckt wurden. Er setzte sich dafür ein, dass die schuldig gewordenen Priester bestraft und laisiert wurden. Der Papst traf sich auf seinen Reisen immer wieder mit den Opfern des Missbrauchs.

d. Die Entwendung geheimer Dokumente

Im Jahr 2012 musste Papst Benedikt XVI. erfahren, dass sein Kammerdiener Paolo Gabriele viele Geheimdokumente aus seinem Arbeitszimmer entwendet hatte. Die Dokumente wurden teilweise durch den Journalisten Gianluigi Nuzzi veröffentlicht.

Der Kammerdiener wurde in einem Prozess verurteilt, aber zwei Monate später vom Papst begnadigt.

e. Die Anfeindungen in Deutschland

Papst Benedikt XVI. erlebte zahlreiche Anfeindungen im deutschen Sprachraum. Es kam immer wieder zu Widerspruch und Opposition durch führende deutsche Kardinäle, Bischöfe, Theologen und Politiker. Die Medien nutzten die oben genannten Vorkommnisse als Vorwand, um die Person des Papstes und seine Leitung der Kirche anzugreifen. Selten hat ein Papst von seinem eigenen Volk so viele Anfeindungen erleiden müssen wie Benedikt XVI.

5. DER RÜCKTRITT DES PAPSTES

a. Die Ankündigung des Rücktritts

Im Jahr 2013 kündigte Papst Benedikt XVI. den Rücktritt von seinem Amt an. Der Papst erklärte, dass seine Kräfte aufgrund des fortgeschrittenen Alters nicht mehr geeignet seien, »um in angemessener Weise den Petrusdienst auszuüben«. Die Überraschung über diese Ankündigung war groß und führte zu verschiedensten Spekulationen.

b. Der Rücktritt des Papstes

Am 28. Februar 2013 erfolgte der Rücktritt von Papst Benedikt XVI. Der Schritt des 85-jährigen Papstes wurde weltweit als mutige Entscheidung gewürdigt. Nach seiner Emeritierung übersiedelte er in das Kloster »Mater Ecclesiae«, das sich auf dem Gebiet des Vatikans befindet. In seinem neuen Domizil lebt der emeritierte Papst in einer kleinen Hausgemeinschaft. Sein früherer Privatsekretär Georg Gänswein steht ihm liebevoll zur Seite.

PAPST FRANZISKUS

Bei dem darauffolgenden Konklave (Versammlung der Kardinäle, die den Papst wählen) wurde am 13. März 2013 Jorge Mario Kardinal Bergoglio (* 1936) aus Buenos Aires in Argentinien zum neuen Papst gewählt. Der südamerikanische Papst wählte den Namen »Franziskus« und wollte damit ein Zeichen für die Ausrichtung seines Pontifikats setzen.

1. DER PAPST AUS LATEINAMERIKA

a. Der Mann aus der Neuen Welt

Zum ersten Mal in der Kirchengeschichte wurde ein Mann aus der »Neuen Welt« zum Papst gewählt. Dieser Papst kam aus einem völlig anderen sozialen Umfeld und sah die Welt aus einem ganz anderen Blickwinkel. Zum ersten Mal stand auch ein Jesuit an der Spitze der Weltkirche. Der neue Papst war selbst viele Jahre lang Provinzial der Jesuiten in Argentinien.

b. Die volkstümliche Art des Papstes

Der neue Papst gewann durch seine volkstümliche Art sehr rasch die Herzen vieler Menschen. Seine volksnahen Katechesen erreichen auch viele Menschen, die dem Glauben fernstehen. Papst Franziskus' Aussagen sind oft sehr spontan und führen zu verschiedensten Interpretationen. Gelegentlich kommt es auch zu Verunsicherungen und Verstimmungen.

2. DER AUFRUF ZUR EVANGELISATION

a. Der Aufruf zur Evangelisation

Papst Franziskus rüttelt die Christen auf und ruft sie auf, mutig und freudig das Evangelium zu verkünden. In seinem Apostolischen Schreiben *Evangelii gaudium* (2013) fordert er die Priester und Laien auf, »hinauszugehen« und jede Gelegenheit für die Evangelisierung zu nutzen. Der Papst verlangt eine neue Sprache der Verkündigung, die die heutigen Menschen verstehen.

b. Der unangenehme Mahner

Papst Franziskus versucht die Kirche von ihren Krusten zu befreien, die sie daran hindern, die Frohe Botschaft zu verkünden. Er weist die Kirchenmänner darauf hin, dass sie oft zu sehr mit sich selbst beschäftigt sind. Er wirft ihnen vor, allzu sehr mit Verwaltungsaufgaben beschäftigt zu sein und dabei die Seelsorge zu vernachlässigen.

3. DER EINSATZ FÜR DIE ARMEN

a. Der Einsatz für die Armen

Der Papst aus Lateinamerika setzt sich besonders für die Belange der sozial Schwächeren ein. Er wird nicht müde, auf das Elend der armen Völker hinzuweisen und die Mächtigen aus Politik und Wirtschaft an ihre Verantwortung für die Armen zu erinnern. Er fordert aber auch die Christen in den reichen Ländern auf, ihr Konsumverhalten zu ändern.

b. *Die Armut der Kirche*

Papst Franziskus verlangt auch von der Kirche, dass sie einen einfacheren Lebensstil praktiziert. Die Kirche kann nur dann als Anwalt der Armen glaubwürdig sein, wenn sie sich selbst um einen einfachen Lebensstil bemüht. Der Papst verlangt deshalb von der Kirche, dass sie sich von vielen Gütern befreit, um auf diese Weise wieder glaubwürdig zu sein.

4. DAS JAHR DER BARMHERZIGKEIT

a. *Die Barmherzigkeit im Mittelpunkt*

Seit seinem Amtsantritt lädt Papst Franziskus die Menschen ein, sich der Barmherzigkeit Gottes zu öffnen. Bei vielen Gelegenheiten schlägt er den Menschen vor, das Bußsakrament zu empfangen und sich mit Gott zu versöhnen. Der Papst fordert die Menschen aber auch zur Barmherzigkeit gegenüber ihren Mitmenschen auf und ermutigt sie zur Vergebung und Versöhnung.

b. *Das Verständnis für die Schwierigkeiten der Menschen*

Papst Franziskus verlangt auch eine Seelsorge, die von der Barmherzigkeit getragen wird. Die Seelsorger sollen die Menschen nicht verurteilen, sondern sie zu Gott führen und sie mit ihm versöhnen. Der Beichtstuhl soll keine Folterkammer sein, sondern ein Ort der Barmherzigkeit. Die Seelsorger sollen den Menschen vor allem zuhören, sie verstehen und begleiten.

c. *Das Jahr der Barmherzigkeit*

Im Jahr 2015 rief Papst Franziskus ein »Jahr der Barmherzigkeit« aus, das die Menschen in besonderer Weise zur Versöhnung mit Gott und den Menschen führen sollte. Im Laufe dieses Jahres sollten die Menschen in besonderer Weise die Möglichkeit nutzen, durch die Beichte, den Ablass und Werke der Barmherzigkeit die Vergebung von Sünde und Schuld zu erlangen.

5. DIE FAMILIENSYNODE

a. Die Synode über Ehe und Familie

Auf Einladung von Papst Franziskus fand 2014 und 2015 in Rom eine Familiensynode statt. Die Synode bemühte sich vor allem um pastorale Lösungen für die vielen Probleme im Bereich der Ehe, der Sexualität, der Scheidung, der Wiederverheiratung und der Zulassung zur Kommunion. Dabei kam es unter den Synodalen oft zu heftigen Auseinandersetzungen.

b. Das päpstliche Schreiben »Amoris laetitia«

Nach der Familiensynode verfasste der Papst im Jahr 2016 das Apostolische Schreiben *Amoris laetitia*. Dieses Schreiben enthält manche Äußerungen über die Ehemoral und Ehepastoral, die bei vielen Menschen zu Zweifeln an deren Übereinstimmung mit der katholischen Lehre führten. Die Kardinäle Burke, Brandmüller, Caffarra und Meisner baten den Papst in einem Schreiben um die Beseitigung dieser grundlegenden Zweifel.

6. DIE SYNODALE KIRCHE

a. Die Kirche entsteht aus den Gemeinden

Papst Franziskus bemüht sich, eine synodale Kirche aufzubauen. Der Papst verkündet, dass die Kirche das Volk Gottes ist, das aus den Getauften besteht. Die Kirche entsteht aus den Gemeinschaften und von der Basis her. Die Gemeinschaft der Kirche bildet sich um einen Bischof, der sie sammelt und ihr Kraft gibt.

b. Das Verständnis des Petrusamtes

Das synodale Verständnis der Kirche sollte nach Papst Franziskus auch zu einer veränderten Sicht des Petrusamtes führen. Der Papst sollte als Petrus die Kirche nicht von oben leiten, sondern sie vielmehr begleiten, sie wachsen lassen und sie anhören. Papst Franziskus versucht, das Petrusamt im Rahmen der bischöflichen Kollegialität und des Volkes Gottes auszuüben.

c. Die Reform der Kurie

Papst Franziskus fordert, dass die Kurie im Dienst der Kirche und des Papstes stehen müsse. Von den Mitarbeitern der Kurie verlangt er die persönliche Bekehrung, eine seelsorgliche Einstellung und eine missionarische Ausrichtung. Für die Effizienz der Kurie fordert der Papst Rationalität, Funktionalität, Zeitgemäßheit, Subsidiarität, Synodalität und Professionalität.

7. DER DIALOG MIT DEN KONFESSIONEN UND RELIGIONEN

a. Der Dialog mit den Konfessionen

Papst Franziskus sucht auch den ökumenischen Dialog mit den verschiedenen Konfessionen. Im Jahr 2014 traf er sich mit dem griechisch-orthodoxen Patriarchen Bartolomaios I. in Istanbul, im Jahr 2016 kam es zur Begegnung mit dem russisch-orthodoxen Patriarchen Kyrill in Havanna und mit den Führern des Lutherischen Weltbundes in Lund in Schweden.

b. Der Dialog mit den Weltreligionen

In seiner Amtszeit traf sich Papst Franziskus auch mit verschiedenen Vertretern der Weltreligionen. Besondere Bedeutung kam dabei dem Treffen mit den Vertretern des Judentums im Jahr 2014 bei seiner Reise nach Jerusalem zu. Von Bedeutung war auch das Treffen mit den Vertretern des Islam während seiner Reise in die Türkei, die ebenfalls im Jahr 2014 stattfand.

8. DER EINSATZ FÜR DIE WELT

a. Der Kampf gegen Terror und Krieg

Papst Franziskus wendet sich auch gegen den Terror und den Krieg. Keine Religion könne einen Krieg hervorbringen, da sie in diesem Fall einen Gott des Hasses proklamieren würde. Er wendet sich auch gegen die Produktion von Waffen, die an beide der kämpfenden Parteien verkauft werden. Papst Franziskus ruft auch ständig zum Gebet für den Frieden auf.

b. Die Bewahrung der Schöpfung

Sehr eingehend hat sich Papst Franziskus auch mit der ökologischen Krise auseinandergesetzt. In seiner Enzyklika *Laudato si'* (2015) weist er auf die verschiedenen ökologischen Probleme hin. Er versucht aber vor allem zu zeigen, dass diese Probleme nur durch eine innere Bekehrung und ein radikal verändertes Verhalten des Menschen gelöst werden können.

9. DIE REAKTIONEN DER MENSCHEN

a. Der Einsatz für Gerechtigkeit und Frieden

Die Menschen in aller Welt schätzen Papst Franziskus wegen seines mutigen Einsatzes für Gerechtigkeit und Frieden. Die Bewohner der ärmeren Länder sehen in diesem Papst einen Mann, der für ihre Rechte eintritt und sie gegen die Machthaber aus Politik und Wirtschaft verteidigt. Die Menschen schätzen auch den Einsatz des Papstes für die bedrohte Umwelt. Sie hören seinen Aufruf, den verschwenderischen Lebensstil zu beenden, um die Welt zu retten.

b. Die Reform der Kirche

Viele Menschen sehen in Papst Franziskus auch den Mann, der die Kirche von ihren Machtstrukturen und ihrem weltlichen Ballast befreien möchte. Manche betrachten ihn als einen »Revolutionär«, der das Ende der »monarchischen Kirche« herbeiführt. Viele Menschen befürworten auch die von Papst Franziskus angestrebte Reform der römischen Kurie und die synodale Führung der Kirche.

c. Die Seelsorge für den heutigen Menschen

Die Menschen betrachten Papst Franziskus auch als den Mann, der die seelische Not unserer Zeit zutiefst erkannt hat und allen Menschen die Hilfe der Kirche anbieten möchte. Viele Menschen spüren, dass dieser Papst ihnen in ihrem Elend beistehen möchte, und sind bereit, im Vertrauen auf die Barmherzigkeit Gottes ein neues Leben zu beginnen.

d. Kritische Stimmen

Es gibt aber auch prominente Kritiker, die auf manche problematischen Aspekte im Wirken von Papst Franziskus hinweisen. Diese Kritiker sehen in dem Apostolischen Schreiben *Amoris laetitia* eine gewisse Gefahr für die Legitimierung einer subjektiven Moral. Diese subjektive Moral könnte in der Praxis zur Nichtbeachtung der göttlichen Gebote und der Lehre der Kirche führen. Es gibt bei Papst Franziskus aber auch Bedenken wegen eines möglichen ökumenischen Relativismus und eines interreligiösen Synkretismus.

e. Das Gebet für den Papst

Die Gläubigen in aller Welt wissen, dass dieser Papst die Kirche in einer sehr schwierigen Zeit zu leiten hat und das Gebet aller Gläubigen braucht. Papst Franziskus bittet selbst immer wieder um das Gebet. Bei fast jedem öffentlichen Auftritt wendet sich Papst Franziskus an die Menschen und bittet sie um ihr Gebet. Und so wollen auch wir für Papst Franziskus beten, damit er in seinem Wirken vom Heiligen Geist geführt wird.

KLEINE BILANZ DER KIRCHENGESCHICHTE

Zum Abschluss wollen wir noch einmal nach den Licht- und Schattenseiten der Kirchengeschichte fragen. Es ist uns bewusst geworden, dass es in der Geschichte der Kirche viele Höhen und Tiefen gegeben hat. Es ist uns aber auch klar geworden, dass hinter diesen Höhen und Tiefen viele Menschen stehen, die durch ihre tiefe Frömmigkeit oder durch ihre Untreue im Glauben maßgeblich zu diesen Licht- und Schattenseiten der Kirche beigetragen haben.

1. DIE SCHATTENSEITEN

a. Das große Unrecht und die schwere Schuld

In der Geschichte der katholischen Kirche gab es viele Ereignisse, bei denen die Kirche große Schuld auf sich geladen hat. Es gab viel Unrecht bei den Kreuzzügen, der Inquisition, den Hexenverfolgungen, aber auch unter den Renaissance-Päpsten, in den Glaubenskriegen, in der Zeit des Absolutismus, in der Zeit der Moderne, bei den Missbrauchsfällen usw.

b. Die fehlenden Grundhaltungen

In der Kirchengeschichte lassen sich auch fehlende Grundhaltungen feststellen, die ständig wiederkehren: der fehlende Glaube, die fehlende Frömmigkeit, die fehlende Nächstenliebe, der fehlende Mut, die fehlende Disziplin. Es gab aber auch die schweren Sünden des Hochmuts, der Machtgier, der Habsucht, des Karrierismus, der Eitelkeit, der Sinnlichkeit.

c. Die machtpolitischen Bündnisse

Im Laufe der Kirchengeschichte wurden von der Antike an bis in unsere Zeit immer wieder Bündnisse zwischen der Kirche und politischen Mächten geschlossen, die sich zum Schaden der Kirche auswirkten. In der Kirche gab es aber auch immer wieder ehrgeizige Männer, die sich mit weltlichen Kreisen verbanden, um ihre Macht und ihren Einfluss zu vergrößern.

d. Die Anpassung an die Welt

In den 2000 Jahren der Kirchengeschichte kam es immer wieder zu Anpassungen an die Welt, die zur Säkularisierung (Verweltlichung) der Kirche führten. Diese verweltlichte Kirche war dann nicht mehr imstande, die Welt zu evangelisieren. Diese Anpassungen an den Zeitgeist (Aufklärung, Liberalismus, Marxismus, Feminismus, Esoterik, Synkretismus usw.) führten zu einer ideologischen Unterwanderung der kirchlichen Lehre.

e. Die fehlende Umkehr

In der Geschichte der katholischen Kirche lässt sich auch immer wieder eine fehlende Bereitschaft zur Umkehr beobachten. In vielen Epochen war der Verfall der Kirche weit fortgeschritten und für alle offensichtlich und dennoch geschah keine Umkehr. Diese fehlende Bereitschaft zur Umkehr führte dann oft zur Entstehung von Sekten, zu Spaltungen und Kriegen.

f. Die zeitbedingten Fehler

In der Geschichte der katholischen Kirche lassen sich auch bestimmte negative Ereignisse feststellen, die auf die weltanschauliche und religiöse Einstellung einer bestimmten Epoche zurückzuführen sind. Es gab im Laufe der Kirchengeschichte negative Ereignisse, die sich nur aus dem Zeitgeist und aus der gesellschaftspolitischen Situation heraus verstehen lassen. Dennoch können viele dieser Ereignisse aus christlicher Sicht nicht gutgeheißen werden.

g. Die »schwarzen Legenden«

Die Kirche war auch immer wieder die Zielscheibe von übertriebener Kritik. Es hat zu allen Zeiten Geister gegeben, die sie gehasst haben und vernichten wollten. Sie haben versucht, die Kirche durch übertriebene Kritik und »schwarze Legenden« zu diskreditieren. Bei diesen Kritikern merkt man, dass es ihnen nicht um eine objektive Darstellung der Fakten geht, sondern dass sie das Christentum und die Kirche eliminieren wollen.

2. DIE LICHTEN SEITEN

a. Der Einsatz der Kirche

Die katholische Kirche hat in ihrer langen Geschichte auch viele lichte Seiten aufzuweisen, die oft zu wenig gesehen und gewürdigt werden: Sie bemühte sich in allen fünf Kontinenten um das geistliche Wohl der Menschen und förderte die menschlichen und gesellschaftlichen Werte. Die Kirche prägte aber auch ganz entscheidend die Kultur und das Bildungswesen und leistete außerordentlich viel im Sozialbereich und in der Entwicklungshilfe.

b. Die geistliche Betreuung und Begleitung

Die erste Aufgabe der katholischen Kirche bestand in der geistlichen Betreuung und Begleitung der Menschen. Die Kirche verkündete den Menschen das Evangelium Jesu Christi und gab dadurch ihrem Leben eine klare Orientierung und einen letzten Sinn. Die Kirche spendete den Menschen aber auch die Sakramente, die ihnen das Heil Gottes vermittelten.

c. Die Grundwerte des Menschen

Die katholische Kirche setzte sich für die Grundwerte des einzelnen Menschen ein. Sie verkündete die persönliche Würde des Menschen und trat für die Würde der Frau und für Ehe und Familie ein. Die Kirche verteidigte das ungeborene Leben. Sie wies auch auf den tieferen Sinn des Leidens hin und öffnete den Blick für den überirdischen Sinn des Lebens.

d. Die Grundwerte der Gesellschaft

Ein weiteres Anliegen der katholischen Kirche waren die gesellschaftlichen Grundwerte. Die Kirche verkündete die Brüderlichkeit und Gleichheit unter den Menschen. Sie verlangte die Solidarität mit allen Menschen und setzte sich für eine gerechte Wirtschaft ein. Die Kirche verteidigte die Rechte der Schwächeren und entwickelte eine umfassende Soziallehre.

e. Die Förderung der Kultur

Die Kirche leistete auch einen großen Beitrag im Bereich der Kultur. Sie förderte die Agrikultur (Landwirtschaft), errichtete Bildungsstätten und Bibliotheken, förderte in einzigartiger Weise die Kunst, Musik und Architektur. Die Kirche leitete auch Schulen, Universitäten, Bildungshäuser und Museen.

f. Die sozialen Einrichtungen

Die katholische Kirche schuf auch sehr viele Sozialeinrichtungen. Sie betreute die Armen, die Alten, die Kranken, die

Waisenkinder und die Flüchtlinge. Sie kümmerte sich um die Jugendlichen, um die Lehrlinge und um die Arbeiter. Die Kirche setzte sich für die Entwicklungsländer ein und bemühte sich um den Frieden.

g. Der Beistand in der Bedrängnis

Die Kirche stärkte die Menschen in schwierigen und bedrängten Zeiten. Ihre Hirten begleiteten die Menschen in den dunklen Zeiten der Diktaturen und Kriege; ihre Orden pflegten sie während der Epidemien; ihre Sozialapostel halfen ihnen in der wirtschaftlichen Not; ihre Priester stärkten sie in der Glaubensverfolgung und im moralischen Verfall.

h. Der Wiederaufbau nach Katastrophen

Die katholische Kirche hat nach vielen Diktaturen, Katastrophen und Kriegen entscheidend zum inneren Wiederaufbau der Gesellschaft beigetragen. Die Kirche wurde nach vielen Perioden der ideologischen und moralischen Verwüstung zur geistigen Führerin der Menschen und hat ihnen eine neue geistige Orientierung und moralische Werte vermittelt.

3. EINE BILANZ MIT MEHR LICHT ALS SCHATTEN

Am Ende unserer Betrachtungen ist festzustellen, dass es in der langen Geschichte der katholischen Kirche viel Licht und viel Schatten gegeben hat. Nachstehend erfolgt eine kurze Zusammenfassung der wichtigsten Licht- und Schattenseiten:

a. Die vielen Schattenseiten

Die katholische Kirche hat im Laufe ihrer Geschichte viel Schuld auf sich geladen. Es gab viele sündhafte Handlungen, die der

Lehre Christi widersprachen und den Menschen schadeten. Oft wurden schädliche Bündnisse mit politischen Mächten geschlossen. Immer wieder erfolgten Anpassungen an den Zeitgeist. Häufig fehlte es an der nötigen Bereitschaft zur Umkehr.

b. Das Bekenntnis der eigenen Schuld

Die katholische Kirche muss offen und ehrlich eingestehen, dass sie in ihrer langen Geschichte viele schwere Fehler und Sünden begangen hat. Sie muss offen bekennen, dass sie die Botschaft Jesu Christi oft verraten hat. Die Kirche sollte bereit sein, um Vergebung zu bitten, wie es der große Papst Johannes Paul II. im Jubiläumsjahr 2000 getan hat.

c. Die vielen Lichtseiten

Die katholische Kirche hat im Laufe ihrer 2000-jährigen Geschichte aber auch sehr viel Gutes gewirkt. Sie hat durch ihren Einsatz im geistlichen, moralischen, kulturellen und sozialen Bereich entscheidend zur positiven Entwicklung der Menschheit beigetragen. Die Kirche hat durch ihre unermüdliche Seelsorge, ihre moralischen Grundwerte, ihre Förderung der Kultur und ihren sozialen Einsatz Milliarden Menschen gebildet, gefördert und gerettet.

d. Die Gnade und das Wirken Gottes

Die katholische Kirche hat in ihrer Geschichte zum Segen vieler Menschen gewirkt. Sie hat sich im Laufe von 2000 Jahren unermüdlich für das Wohl der Menschen eingesetzt. Die Kirche weiß aber auch, dass alle diese guten Werke letztlich auf die Gnade Gottes zurückzuführen sind. Nur dort, wo Gott am Werk ist, kann die Kirche segensreich wirken. Deshalb gebührt dem allmächtigen und gütigen Gott alle Ehre und aller Dank!

AUSBLICK IN DAS 21. JAHRHUNDERT

1. DIE GEFÄHRDUNG DES MENSCHEN

a. Alarmierende Entwicklungen

Zu Beginn des 21. Jahrhunderts lassen sich alarmierende Entwicklungen erkennen. In unserer Zeit kommt es zu grundlegenden Gefährdungen des Menschen, der Moral, der Seele, der Gesellschaft, der Kultur, des europäischen Kontinents und der Welt. Es lassen sich aber auch besorgniserregende Gefährdungen des Glaubens und der Kirche beobachten.

b. Der Single-Mensch

Der heutige Mensch entwickelt sich mehr und mehr zu einem Single-Menschen. Dieser Mensch ist ein ungebundenes Individuum, das sich bewusst nicht festlegen, binden und verpflichten will. Der Single-Mensch kreist um sein eigenes Ich und ist sich selbst das Maß der Dinge. Sein Ziel ist die autonome Selbstverwirklichung.

c. Der wesenlose Mensch

Beim heutigen Menschen können wir auch eine zunehmende Auflösung des menschlichen Wesens und der menschlichen Identität erkennen. Die postmodernen Ideologien gefährden die menschliche Person, das Geschlecht, die Ehe, die Familie, die

Fruchtbarkeit, das Volk, die Heimat, die Kunst, die Kultur, die Tradition, die Geschichte und die Religion. Am Ende bleibt nur noch ein anonymer Single-Mensch ohne Wesen, Halt und Sinn.

d. Der künstliche Mensch

Die postmodernen Ideologen streben auch nach der Entwicklung eines »transhumanen« Menschen, der mithilfe der Wissenschaft und Technik den natürlichen Menschen übersteigt. Zu diesem Menschen gehören eine höhere künstliche Intelligenz, dauerhafte künstliche Organe, eine universale künstliche Kommunikation und eine fiktive künstliche Welt.

e. Der gesteuerte Mensch

In der Postmoderne wird der Mensch schließlich subtil gesteuert. Er wird in sämtlichen Bereichen genauesten Vorschriften unterworfen. Das menschliche Denken, Fühlen, Sprechen und Handeln wird bis in kleinste Details reglementiert. Wenn sich der Mensch nicht »correct« verhält, wird er geächtet, bedroht, bestraft und eliminiert.

2. DIE GEFÄHRDUNG DER MORAL

a. Die autonome Moral

Das Verhalten des Menschen lässt zunehmend eine autonome Moral erkennen. Das moralische Verhalten orientiert sich nicht mehr an Prinzipien und Werten, sondern an der eigenen Person und an eigenen Wünschen. Die Genderideologie verkündet, dass der Mensch auch seine Geschlechtlichkeit und seine Sexualität beliebig bestimmen kann.

b. Die hedonistische Moral

Das moralische Verhalten des Menschen wird auch weitgehend vom Lustprinzip bestimmt. Es wird nicht mehr von der Vernunft und vom Willen, sondern von der Lust und den Instinkten geleitet. Dieses instinktive Verhalten kennt keine Werte, keine Normen, keine Gebote, keine Verantwortung, kein Maß. Die Lust kennt nur sich selbst und ist unersättlich.

c. Die liberale Moral

Die menschlichen Beziehungen sind meistens ohne dauerhafte Bindung. Die zwischenmenschlichen Beziehungen gelten nur für eine bestimmte Zeit. Diese liberale Moral führt zu häufigen Scheidungen und zu Patchwork-Familien (»Flickwerk-Familien«). Sie verweigert den Beistand in Krankheit und Not; sie hinterlässt einsame und verbitterte Menschen. Die unverbindliche Moral führt zur Destabilisierung und Anarchie der Gesellschaft.

d. Die darwinistische Moral

Die heutige Gesellschaft wird immer mehr vom *Struggle for life* bestimmt. Dieser Kampf ums Dasein wird von der Vorherrschaft des Stärkeren bestimmt. Das Recht des Stärkeren herrscht im privaten und im öffentlichen Bereich, in der Wirtschaft und in der Politik. Das Recht des Stärkeren wird immer rauer, immer gewalttätiger, immer brutaler. Die Gerechtigkeit, der Respekt, die Würde, die Nächstenliebe geraten unter die Räder.

e. Die tödliche Moral

Die heutige Gesellschaft entwickelt schließlich eine erschreckend lebensfeindliche Moral: Die Verhütung verhindert das Leben, die pränatale Diagnostik selektiert Leben, die Abtreibung vernichtet das Leben und die aktive Euthanasie tötet das Leben. Der Mensch wird selbst zum Herrn über Leben und Tod, die Kultur des Lebens wird zur Kultur des Todes.

3. DIE GEFÄHRDUNG DER SEELE

a. Die Unzufriedenheit des Herzens

Viele Menschen gelangen zur Erkenntnis, dass die *Happiness* der Konsum- und Spaßgesellschaft ihr Herz nicht erfüllen kann. Sie erleben, dass ihre Suche nach Ekstase, Rausch, Highlights, Mega-Events ihrem Herzen keine Zufriedenheit schenkt. Den Menschen fehlen die innere Erfüllung und die innere Harmonie.

b. Die Sinnlosigkeit des Lebens

Die heutigen Menschen erfahren, dass ihnen ein tieferer Sinn fehlt. Der materielle Wohlstand, die Karriere, die Macht, das Prestige, der Besitz usw. können dem Menschen keinen letzten Sinn geben. Viele Menschen merken diesen Mangel an einem tieferen Sinn und verfallen in Depressionen. Manche Menschen sehen im Selbstmord den einzigen Ausweg.

c. Die Lähmung des Geistes

Bei vielen Menschen lässt sich auch eine zunehmende Lähmung des Geistes feststellen. Sie sind völlig kritiklos und wiederholen die Meinung der Mainstream-Presse. Viele werden durch den hektischen Arbeits- und Lebensrhythmus geistig abgestumpft und können nicht mehr über tiefere Dinge nachdenken. Sie sind unfähig, den Irrsinn vieler Entwicklungen zu durchschauen und führen das Leben von Zombies.

d. *Die Verdunkelung der Seele*

Viele moderne Menschen erleben auch eine Verdunkelung ihrer Seele. Diese Menschen liefern sich esoterischen und okkulten Praktiken aus und werden oft zu Gefangenen von übersinnlichen und okkulten Mächten. Durch diese Mächte kommt es zu einer unheimlichen Verfinsterung und Verdüsterung der Seele.

e. *Die Unerlöstheit der Existenz*

Viele Menschen unserer Zeit erfahren auch eine zunehmende innere Unerlöstheit. Immer mehr Menschen erleben die Hölle ihrer Einsamkeit, ihres Hasses, ihrer Süchte, ihrer Laster, ihrer Ängste, ihrer Psychopharmaka, ihres sinnlosen Daseins. Sie wollen heraus aus dieser inneren Hölle, aber sie erleben, dass ihnen die Psychologen, Psychiater und Gurus letztlich nicht helfen können.

4. DIE GEFÄHRDUNG DER GESELLSCHAFT

a. *Die uniformierte Gesellschaft*

In unserer Zeit lässt sich eine zunehmende Uniformierung der Gesellschaft erkennen. Sie zeigt sich bereits in den gewöhnlichen Dingen des Alltags: gleiches Fast Food, gleiche Mode, gleiche Fitness, gleiches Smartphone, gleiches Nightfever. Deutlich zeigt sie sich auch in der Gleichschaltung des Denkens durch die Mainstream-Medien. Diese Entwicklung führt zum Ende jeder menschlichen Vielfalt.

b. *Die kollektive Gesellschaft*

Die letzten Jahre haben auch zu einer fortschreitenden Kollektivierung der Gesellschaft geführt. Der einzelne Mensch wird immer stärker in das Kollektiv integriert und verliert seine personale Eigenständigkeit. Die Kollektivierung der Gesellschaft führt schließlich zur Massengesellschaft, die die einzelnen Menschen fortreißt und unter Druck setzt.

c. *Die verstaatlichte Gesellschaft*

In unserer Zeit lässt sich auch eine fortschreitende Verstaatlichung der Gesellschaft beobachten. Die Gesellschaft wird immer mehr vom Staat verwaltet. Der Staat bestimmt die Bereiche des öffentlichen Lebens wie die Bildung, die Kultur, die Justiz und das Gesundheitswesen. Die Verstaatlichung führt zur Aufhebung des Subsidiaritätsprinzips und gefährdet schließlich die Freiheit des Einzelnen und der Gesellschaft.

d. *Die versorgte Gesellschaft*

Weiterhin erleben wir heute eine Wohlfahrtsgesellschaft, in der der Mensch in sämtlichen Bereichen durch den Staat versorgt wird. Der Staat übernimmt die Betreuung des Menschen von der Wiege bis zur Bahre. Er managt den Menschen von der Kinderkrippe bis zum Seniorenheim. Diese totale Versorgung des Menschen führt zu einer zunehmenden Unselbstständigkeit und Unmündigkeit des Menschen.

e. *Die überwachte Gesellschaft*

Schließlich wird uns immer mehr bewusst, dass die Allwissenheit des Staates ständig zunimmt. Der Staat weiß alles über seine Bürger: Er kennt die Curricula, die Mitgliedschaften, den Besitzstand, die Bankkonten, die Freizeitinteressen, die Krankheiten, die politische Ausrichtung usw. Der Staat wird immer mehr zum »Großen Bruder«, der seine Bürger überwacht.

5. DIE GEFÄHRDUNG DER KULTUR

a. Die Abschaffung der Bildung

In unserer Zeit erleben wir die bewusste Abschaffung der kulturellen Bildung. Die Schule vermittelt den jungen Menschen nur noch eine Ausbildung, aber keine Bildung. Die Jugendlichen erwerben viele Kompetenzen, aber sie werden nicht zu Menschen geformt. Sie erhalten viel Fachwissen, lernen viele Techniken und werden zu Global Players. Aber sie erhalten keine Bildung der Persönlichkeit, des Herzens, des Gewissens und der Religion.

b. Die Perversion der Kunst

In diesen Jahren erfolgt auch eine völlige Perversion der Kunst. Diese Perversion beginnt damit, dass man jeden Schund zur Kunst erklärt. Auf diese Weise geht der Sinn für die echte Kunst verloren. Der Mensch kann nun nicht mehr den Schund von der Kunst unterscheiden. Durch die Perversion der Kunst verliert der Mensch den Sinn für das Schöne, das künstlerische Können, die innere Botschaft, die Harmonie, das Maß, das Sakrale, die Spiritualität und das Absolute.

c. Die Entfesselung der Musik

In unserer Epoche erleben wir auch eine Entfesselung der Musik. Verschiedene moderne Arten der Musik sind von einer unheimlichen Gewalt. Hardrock und Heavy Metal behämmern die Seele, enthemmen die instinktiven Kräfte und erschlagen den Geist. Diese Musik verschließt jeden Zugang zu einer spirituellen Sphäre und verhindert den Aufstieg der Seele.

d. Die Seelenlosigkeit der Architektur

In unserem Zeitalter begegnen wir auch einer seelenlosen Architektur. An die Stelle der Ästhetik tritt die Funktion, an die Stelle des Personalen die Anonymität, an die Stelle der Originalität die tausendfache Kopie, an die Stelle des Sakralen das Banale. Diese Architektur dient der Formung eines seelenlosen, funktionellen, anonymen, kopierten und banalen Menschen.

e. Die Trivialität der Medien

In der westlichen Welt werden wir auch von trivialen Medien beglückt. Auf den meisten Fernsehkanälen, in vielen Büchern und Zeitschriften begegnen wir einer seichten und anspruchslosen Unterhaltungskultur. In vielen Medien erleben wir auch Gewalt und Obszönität. Es gibt kaum noch Medien, die sich mit den tieferen Fragen des Menschen befassen. Die meisten Medien führen zur Verflachung des Denkens und zum Niedergang der Kultur.

6. DIE GEFÄHRDUNG EUROPAS

a. Der Verfall Europas

In den vergangenen Jahren kam es auch zu einem beschleunigten Verfall der europäischen Zivilisation. Es zeichnet sich immer mehr eine Zivilisation ab, die von der Wirtschaft, der Wissenschaft und der Technik dominiert wird. In dieser Zivilisation fehlt es an Humanität, Bildung, Seele, Metaphysik, Weisheit, Kultur, Kunst und Religion.

b. Die Destabilisierung Europas

In unserer Zeit wird Europa von mehreren Seiten gefährdet: von der Hegemonie Amerikas, vom Großmachtstreben Russlands, von der ausufernden Einwanderung aus Asien und Afrika und von der möglichen Übernahme durch den Islam. Diese Gefährdungen führen zu einer zunehmenden Destabilisierung und Schwächung Europas. Die europäischen Regierungen können und dürfen diesen Gefährdungen nicht entgegentreten.

c. Die Erschütterung Europas

Die jüngsten Entwicklungen lassen vermuten, dass es in Europa bald massive Krisen der Wirtschaft und des Sozialsystems geben wird. Es ballt sich aber auch ein Gewaltpotenzial zusammen, das durch den Terrorismus und die ausufernde Zuwanderung angeheizt wird. Es kann in Europa schließlich auch zu Bürgerkriegen und feindlichen Invasionen kommen.

d. Der Ausstieg aus der Europäischen Union

Viele Europäer sind mit diesem Europa unzufrieden und fordern einen Ausstieg aus der EU. Viele Bürger protestieren gegen ein Europa, das schon längst nicht mehr das eigene ist. Die Europäer wollen ein unabhängiges Europa, das sich selbst regiert. Sie wollen ein Europa, in dem die Bürger mitbestimmen. Sie fordern ein Europa, das die Freiheit, die bürgerlichen Rechte, die Völker, die Kulturen, die Werte und die Religion ernst nimmt und schützt.

e. Die Sühne Europas

Viele Menschen ahnen, dass die Zeit nahe ist, in der Europa für seine Sünden büßen muss. Europa hat viele Völker ausgebeutet und wird nun von vielen Völkern überflutet. Europa hat Gott abgeschafft und ist nun gottlosen Machthabern ausgeliefert. Europa hat die christliche Religion verraten und hat so die einigende Seele des Kontinents verloren. Europa hat Millionen von Kindern verhütet und abgetrieben und ist zu einem sterbenden Kontinent geworden.

7. DIE GEFÄHRDUNG DER WELT

a. Die Zentralisierung der Macht

Die heutige Welt wird von einer Globalisierung bestimmt, die von der internationalen Hochfinanz und von multinationalen Lobbys beherrscht wird. Es offenbart sich zunehmend eine globale Zentralisierung der Macht, die zur Abschaffung der Nationen, zur Unterwanderung der Demokratien und zur Entmündigung der Menschen führt.

b. Die Destabilisierung der Welt

In der heutigen Zeit lässt sich eine zunehmende Destabilisierung der Welt erkennen. Die politischen und wirtschaftlichen Großmächte inszenieren bewusst politische, wirtschaftliche und militärische Konflikte. Das Ziel dieser strategischen Destabilisierung ist die Schwächung von Regionen, Nationen und Kontinenten und dient der Macht und dem Einfluss der Großmächte.

c. Die Strategie des Terrors

In den vergangenen Jahren wurde eine immer raffiniertere Kriegsführung mithilfe des Terrors entwickelt. Diese Kriegsführung ist z. T. eine Antwort auf die Einmischung der Großmächte in die inneren Angelegenheiten anderer Staaten. Die Strategie des Terrors erlaubt es kleinen Gruppen, mithilfe gezielter Attacken große Heere in Schach zu halten.

d. Die globale Ungerechtigkeit

Die jüngsten Entwicklungen zeigen immer deutlicher, dass die Globalisierung nicht dem Wohl der ganzen Menschheit dient. Sie führt vielmehr zur Bereicherung einer kleinen Minderheit auf Kosten der großen Mehrheit. Die Globalisierung hat dazu geführt, dass heute 15 Prozent der Menschheit über 85 Prozent der Güter verfügen, während sich 85 Prozent der Menschheit mit 15 Prozent der Güter begnügen müssen.

e. Der Turm zu Babel

Die heutige Welt erinnert vielfach an den Turm zu Babel im Alten Testament. Damals wollten die Menschen einen Turm bauen, der bis zum Himmel reicht. Auch heute wollen die Menschen einen Weltenturm errichten, dessen Spitze in den Himmel reicht. Aber da dieser Weltenturm nicht auf den Fundamenten der bleibenden menschlichen Grundwerte und der göttlichen Ordnung errichtet wird, wird er in einer bestimmten Höhe in sich zusammenstürzen.

8. DIE GEFÄHRDUNG DER RELIGION

a. Die Religion als »Opium des Volkes«

Seit der Aufklärung wird die Religion in Europa von vielen Seiten kritisiert und bekämpft. Für die Aufklärung ist die herkömmliche Religion der »Glaube des primitiven Volkes«, für den Marxismus ist sie »Opium des Volkes«, für die Psychoanalyse eine »Zwangsneurose«. Für den Positivismus gehört die Religion zum »infantilen Stadium« der Menschheit, für die positivistische Naturwissenschaft ist sie eine »überholte Weltanschauung«.

b. Die Religion der Humanität

Seit der Aufklärung wird in Europa auch die »Religion der Humanität« verkündet. Es handelt sich dabei um eine Religion der Menschlichkeit, die auf den Prinzipien der Freiheit, Gleichheit, Brüderlichkeit sowie der Menschenrechte und der Toleranz aufbaut. Die »Religion der Humanität« stellt trotz ihrer edlen Grundsätze das eigentliche Wesen der Religion infrage.

c. Die Religion des Synkretismus

Seit der Aufklärung kommt es auch zu einer zunehmenden Verbreitung des Synkretismus. Die Verschmelzung aller Religionen soll zu einer Überwindung der religiösen Gegensätze führen. Der Synkretismus erklärt die widersprüchlichsten religiösen Lehren als gleichwertig und führt zu einem völligen Relativismus.

d. Die Religion des »New Age«

Eine relativ junge religiöse Bewegung ist das sogenannte »New Age«. Das »New Age« baut auf esoterischen Geheimlehren auf und verspricht dem Menschen Glück und Erfolg. Es kündigt auch eine friedliche Welt an, die durch die Integration aller Bereiche zustande kommen soll. Die Esoterik des »New Age« ist ein Synkretismus verschiedener Religionen und Philosophien und soll die spirituelle Grundlage der neuen Weltordnung der »One World« sein.

e. Die Religion des Okkultismus

Eine große Bedrohung der Religion ist schließlich der Okkultismus, dem sich viele Millionen Menschen verschrieben haben. Diese Menschen befassen sich mit Astrologie, Magie und Spiritismus. Sie wenden sich an Magier, Hexen und Schamanen. Sie tragen Talismane, Amulette und Fetische, verwenden Mantras und besuchen schwarze Messen. Der Okkultismus hat in Europa den unteren Mächten Tür und Tor geöffnet.

9. DIE GEFÄHRDUNG DES GLAUBENS

a. Die innere Gefährdung des Glaubens

In unserer Zeit gibt es auch verschiedene geistige Strömungen, die den Glauben von innen her gefährden. Diese Strömungen haben ihren Ursprung in Ideologien und Lebenseinstellungen, die sich nicht mit dem wahren christlichen Glauben vereinbaren lassen. Sie stellen die Glaubenswahrheiten und die Glaubenspraxis infrage.

b. Der aufgeklärte Glaube

Der aufgeklärte Glaube erkennt nur jene Wahrheiten an, die er mithilfe der Vernunft und der Natur erklären kann. Er glaubt nicht, dass im Menschen Jesus Christus Gott anwesend ist, er glaubt nicht an die Menschwerdung Jesu durch den Heiligen Geist, an die Wunder, an die Dämonen, an die leibliche Auferstehung Jesu, an die Realpräsenz Jesu in der Eucharistie. Dieser Glaube ist nur noch ein entmythologisierter, natürlicher und symbolischer Glaube.

c. Der liberale Glaube

Der liberale Glaube kennt keine Verpflichtung durch den Glauben. Er entscheidet selbst, was er glauben will. Er entscheidet selbst, ob gewisse Handlungen in Ordnung sind oder nicht. Der liberale Glaube kennt keine verbindlichen Glaubenswahrheiten und keine objektiven Gebote und Normen. Dieser Glaube ist ein rein subjektiver und unverbindlicher Glaube.

d. Der demokratische Glaube

Der demokratische Glaube ist der Ansicht, dass die Glaubenswahrheiten und die moralischen Grundwerte durch einen demokratischen Konsens definiert werden können. Er stellt die Tatsache infrage, dass die Glaubenswahrheiten und Grundwerte auf Gott und Christus zurückgehen und daher unverfügbar sind. Der demokratische Glaube führt zu einem reinen Konsensglauben und zu einer ständigen »Weiterentwicklung« des Glaubens und der Moral.

e. Der verweltlichte Glaube

Der verweltlichte Glaube missachtet die Realität des Sakralen und lebt nicht mehr in einer lebendigen Verbindung mit dem Göttlichen. Er zeigt sich in der Flüchtigkeit vieler Eucharistiefeiern, bei denen nicht mehr das göttliche Mysterium im Mittelpunkt steht. Die Verweltlichung zeigt sich in einem Mangel an Anbetung und Gotteslob, sie äußert sich in einem Lebensstil, der nicht von Gott, sondern von der Welt geprägt ist.

10. DIE GEFÄHRDUNG DER KIRCHE

a. Die innerkirchliche Krise

Seit Jahren erlebt die Kirche in Europa eine gewaltige Krise: die Infragestellung zentraler Glaubenswahrheiten, das Erlöschen des Gebets, der geringe Besuch der Messe, die weitgehende Abschaffung der Beichte, die Zehn Gebote als »Angebote« und als »Ideale«, die Moral nach dem eigenen Gewissen, die Verweltlichung vieler Priester und Orden, der Kampf zwischen gegensätzlichen Lagern usw. gefährden die Fundamente der Kirche.

b. Die äußeren Feinde der Kirche

Die Kirche wird auch von verschiedenen äußeren Feinden bedroht. Es gibt antiklerikale Gruppierungen, die die Kirche mit allen Mitteln bekämpfen. Darunter befinden sich auch politische Parteien, die die Kirche aus dem öffentlichen Leben verdrängen. Weiterhin gibt es philanthropische Vereinigungen, die die Kirche mithilfe von Förderungen von sich abhängig machen. Es gibt auch große Teile des Volkes, die die Kirche abgründig hassen und jederzeit zum Sturm auf die Kirchen bereit sind.

c. Der antichristliche Zeitgeist

Die Kirche wird auch durch verschiedene Ideologien gefährdet. Die nicht christlichen Lehren der Aufklärung, des Liberalismus, des Neomarxismus, des Feminismus, des Genderismus, der Psychologie, der fernöstlichen Spiritualität, der Esoterik, des Synkretismus, der All-Erlösungslehre sind tief in die Kirche eingedrungen und zersetzen die kirchliche Lehre.

d. Der Kampf gegen das Christentum

Die Kirche wird heute auch von der säkularisierten Gesellschaft bekämpft. Diese sieht in der Kirche die größte Feindin der »freien Gesellschaft« und betrachtet sie als »Hindernis des Fortschritts«. Die verweltlichte Gesellschaft versucht deshalb mit allen Mitteln, die Kirche zu bekämpfen. Die Verfolgung der Kirche ist bereits voll im Gange.

e. Die weltweite Verfolgung

In unserer Zeit kommt es auch zu einer weltweiten Verfolgung der Christen. Pro Jahr werden weltweit ca. 100 000 Menschen wegen ihres christlichen Glaubens getötet. Mehr als hundert

Millionen Christen werden wegen ihres Glaubens verfolgt, vertrieben, verhaftet, gefoltert. Die Länder mit der stärksten Verfolgung von Christen sind Nordkorea, Irak, Eritrea, Afghanistan, Syrien, Pakistan, Somalia, Sudan, Iran und Libyen.

11. DIE ZEIT DER BEDRÄNGNIS

a. Die Christen in der Bedrängnis

Es stellt sich nun die entscheidende Frage, wie sich die Christen in dieser Zeit der vielfältigen Gefährdungen verhalten sollen. Welche Möglichkeiten haben sie, um in dieser Bedrängnis zu bestehen? Es stellt sich aber auch die Frage, welche Bedeutung diese Zeit der Bedrängnis für die Kirche hat? Was will uns Gott durch diese Bedrängnis lehren? Welche neuen Wege des Heils will Gott uns zeigen?

b. Die Jünger Christi

Die Zeit der Bedrängnis wird zunächst alle überzeugten Christen herausfordern, sich ganz zu Christus zu bekennen. Dieses Bekenntnis verlangt eine radikale Bekehrung und eine klare Absage an den Zeitgeist. In dieser Bedrängnis kann nur eine Kirche überleben, die aus Jüngern besteht, die bedingungslos Christus nachfolgen und ihr Knie vor Baal nicht beugen.

c. Die Vertiefung des Glaubens

In der Zeit der Bewährung wird der Glaube der Christen eine radikale Vertiefung und Reinigung erfahren. Sie werden lernen, ständig zu beten, um in der Verfolgung zu bestehen. Sie werden sich häufig zu Gottesdiensten versammeln, um von Gott die nötige Kraft zu erhalten. Sie werden die Heilige Schrift studieren, um eine klare Orientierung zu bewahren. Sie werden die Zehn Gebote halten, um ein moralisches Fundament zu haben.

d. Der Beistand in der Bedrängnis

In der Zeit der großen Not werden die Gläubigen bei Gott und Jesus Christus ihre Zuflucht suchen. Sie werden oft vor dem Allerheiligsten knien. Sie werden sich an Maria, die Hilfe der Christen, wenden und sie um ihren Schutz bitten. Sie werden sich auch an den Erzengel Michael wenden und ihn bitten, die bösen Geister in die Hölle zu stürzen.

e. Die Erneuerung der Kirche

Die Zeit der Erschütterung wird auch zu einer inneren Erneuerung der Kirche führen. Viele Priester werden das gewaltige Elend der Menschen erkennen und das Evangelium Jesu Christi als Heilsbotschaft verkünden. Die Zeit der Bedrängnis wird die Kirche von allem materiellen, gesellschaftlichen und politischen Ballast befreien. Auf diese Weise kann dann die Kirche den Menschen in glaubwürdiger Weise Glauben, Orientierung, Heil und Halt vermitteln.

12. DER WEG ZUM HEIL

a. Das Erwachen aus der Verblendung

Die Zeit der Bedrängnis wird auch vielen gottfernen Menschen bewusst machen, in welcher Zivilisation sie leben. Sie werden erfahren, dass diese Welt von Macht, Geld, Konsum, Spaß, Wellness und Fitness eine unendlich arme und leere Welt ist. Die Menschen werden aus ihrer Verblendung erwachen und begreifen, dass eine Zivilisation ohne Gott letztlich sinnlos ist.

b. Die Suche nach der Wahrheit

Die Zeit des Dunkels wird dazu führen, dass viele Menschen nach der Wahrheit suchen. Das geistige Chaos wird sie dazu drängen, nach einer Orientierung zu suchen. Viele Menschen werden im Christentum die Wahrheit finden, die ihnen eine Antwort auf die tieferen Fragen gibt. Sie werden im Christentum eine Lehre finden, die ihnen Klarheit und Licht schenkt.

c. Die Sehnsucht nach Geborgenheit

Die Zeit der großen Einsamkeit wird den Menschen auch bewusst machen, wie ungeborgen sie in dieser westlichen Zivilisation leben. Sie werden spüren, dass ihnen eine echte Gemeinschaft fehlt, die nur aus dem Geist der Liebe erwachsen kann. Sie werden plötzlich die kleinen christlichen Gemeinschaften entdecken, die ihnen Liebe, Halt und Geborgenheit vermitteln. Sie werden glücklich sein, dass sie christliche Brüder und Schwestern haben.

d. Der Schrei nach Erlösung

Die Zeit des inneren Elends wird auch dazu führen, dass viele Menschen sich zu Gott bekehren. Die verzweifelten und gefangenen Menschen werden sich nach ihrer Erlösung sehnen wie nie zuvor. Der Schrei nach Erlösung wird überall zu hören sein! Es braucht nun keine Debatten mehr, ob Gott existiert; es geht nur noch darum, dass Gott den Menschen erlöst!

e. Der Weg zum Heil

Die Zeit des Unheils wird zu einem »Kreuzweg« werden, der viele Menschen durch Leiden aller Art zur Wiederentdeckung des christlichen Glaubens führt. Das Kreuz wird vielen Menschen bewusst machen, dass der christliche Glaube zum eigentlichen Leben führt. Das Kreuz lässt sie erkennen, dass es im Christentum Erlösung und Heil gibt. Das Kreuz lässt sie heimfinden zur Kirche, die ihnen im Auftrag Christi Wahrheit, Heil und Geborgenheit vermittelt.

13. DER AUFBRUCH IM VERBORGENEN

a. Das Erwachen der Seelen

Die Zeit der Bedrängnis wird auch zu einem Aufbruch im Verborgenen führen. In den Zeiten der äußeren und inneren Not wächst eine neue Generation von Priestern heran; es entstehen aber auch neue religiöse Gemeinschaften; es kommt zu einer neuen Form der Seelsorge und zu einer neuen Art der Katechese. Die Kirche beginnt wieder in den Seelen zu erwachen.

b. Die neuen Priester

In den Jahren der äußeren und inneren Bedrängnis der Kirche wächst ein neuer Klerus heran, der ganz in der Nachfolge Christi steht. Es handelt sich um Männer, die das ganze Christentum suchen und keine Kompromisse mit dem Zeitgeist eingehen. Es sind Männer, die eine tiefe Spiritualität aufweisen und sich vom Heiligen Geist führen lassen. Die meisten dieser neuen Priester verehren auch in besonderer Weise Maria, die Engel und Heiligen.

c. Die neuen Gemeinschaften

In diesen schwierigen Jahren entstehen auch viele neue religiöse Gemeinschaften. Es finden sich Menschen, die ganz bewusst nach den »evangelischen Räten« (Ratschlägen des Evangeliums) leben. Diese Menschen leben die Armut, die Keuschheit und den Gehorsam. Sie verehren die Muttergottes, die Engel und Heiligen und wappnen sich gegen die Dämonen.

d. Die neue Seelsorge

In diesen Jahren entwickelt sich eine neue Seelsorge, der es in erster Linie um den Gottesdienst und um das Heil der Seelen geht. Die Priester wissen um die besonderen Vollmachten, die ihnen von Gott verliehen wurden. Sie setzen die Sakramente ein, um den Menschen Heil, Kraft und Erlösung zu bringen. Sie verkünden den Menschen die Frohe Botschaft und weisen sie auf die Irrtümer unserer Zeit hin. Sie geben den Menschen Mut, Hoffnung und Trost.

e. Die neue Katechese

In der Zeit der Bedrängnis entsteht auch eine neue Katechese, die die wesentlichen Themen des Glaubens behandelt. Bei dieser Katechese geht es um Gott, Jesus Christus, den Heiligen Geist, die Heilige Schrift, die Eucharistie, die Sakramente, die Zehn Gebote, die Erlösung, die Befreiung und um die Letzten Dinge. Diese Verkündigung bedient sich einer klaren und lebensnahen Sprache, die von den Menschen verstanden wird und in ihr Herz eindringt.

14. DIE ERNEUERUNG IM KLEINEN

a. Die neuen Familien

In der Zeit der Bedrängnis fragen sich viele Familien, wie sie ihre Kinder schützen können. Diese Familien bilden Hauskirchen, die das Gebet und die Katechese pflegen. Sie bemühen sich um eine christliche Erziehung ihrer Kinder und versuchen, ihnen christliche Werte zu vermitteln. Sie organisieren Treffen mit gleichgesinnten Familien und stärken sich gegenseitig. Sie gehen auf die Straße und kämpfen für den Lebensschutz und gegen den Genderismus.

b. Die neue Jugend

In diesen schwierigen Zeiten entsteht auch eine neue Jugend, die sich für Jesus Christus begeistert. Diese neue Jugend trifft sich regelmäßig zum Lobpreis, sie feiert freudige Gottesdienste, trifft sich zur Anbetung, studiert die Heilige Schrift und den Youcat. Sie trifft sich auch bei großen Veranstaltungen und auf Weltjugendtagen.

c. Die neuen Zentren

In diesen heimatlosen Zeiten entstehen auch neue Zentren, die von spirituellen und erfahrenen Priestern und Ordensleuten geleitet werden. In diesen Zentren finden die Menschen eine menschliche und religiöse Heimat. An diesen Stätten werden sie im Glauben geschult und in das geistliche Leben eingeführt. Diese Stätten geben den Menschen Halt und schenken ihnen die Kraft, ihren Glauben zu bewahren und zu verkünden.

d. Die neuen Medien

Eine große Hoffnung sind auch die neuen Medien, die den christlichen Glauben verkünden. Es gibt neue Radio- und Fernsehstationen, die vielen Menschen gute Sendungen vermitteln. Es gibt Internetseiten mit vielen interessanten Artikeln über den Glauben. Es gibt auch jede Menge von CDs und Zeitschriften, die anregende Informationen über den Glauben vermitteln. Durch diese neuen Medien erhalten Millionen Menschen eine Vertiefung im Glauben.

e. Die Erneuerung in der Bedrängnis

All diese Initiativen führen inmitten der Bedrängnis und der Verfolgung zu einer geheimen Erneuerung der Kirche. Es entsteht eine Art Untergrundkirche, die die Menschen in dieser schwierigen Zeit begleitet, ermutigt, bestärkt und tröstet. Auf diese Weise beginnt mitten in der Bedrängnis und der Verfolgung ein neues kirchliches Leben.

15. DAS LICHT DES GLAUBENS

a. Das aufstrahlende Licht

Durch die vielen kleinen Aufbrüche wird das Licht des Glaubens immer mehr zu strahlen beginnen. Dieses Licht wird die Dunkelheit erhellen und den Menschen mehr und mehr bewusst machen, welche Bedeutung der Glaube hat. Sie werden erkennen, dass ihnen der Glaube eine Antwort auf ihre tieferen Fragen gibt, dass er klare moralische Wertvorstellungen hat und die Möglichkeit der inneren Heilung und Erlösung anbietet.

b. Die Antworten auf die tieferen Fragen

Der christliche Glaube sagt den Menschen, dass es einen Schöpfer gibt, der die Welt erschaffen und die Ordnung des Universums festgelegt hat. Der Glaube lehrt, dass dieser Gott ein Vater ist, der die Menschen liebt. Der Glaube verkündet, dass Gott seinen Sohn in die Welt gesandt hat, um die Menschen zu retten und zu erlösen. Der Glaube offenbart, dass es ein Leben nach dem Tod gibt und dass der Mensch zur ewigen Gemeinschaft mit Gott berufen ist.

c. *Die tragenden Werte des Lebens*

Der christliche Glaube verkündet den Menschen die tragenden Werte des Lebens. Die Zehn Gebote zeigen ihnen die Grundwerte, auf denen das Leben des Menschen aufbaut. Die ersten drei Gebote schaffen ein gute Beziehung zu Gott, die weiteren Gebote schützen die Familie, das Leben, die Ehe, das Eigentum, die Wahrheit, die Treue und den sozialen Frieden.

d. *Die heilenden Zeichen der Gnade*

Der christliche Glaube bietet den Menschen die heilenden Zeichen der Gnade an: Die Taufe führt zum Bund des Menschen mit Gott, die Firmung erfüllt ihn mit der Kraft des Heiligen Geistes, die Eucharistie führt zur persönlichen Begegnung mit Christus, die Buße führt zur Vergebung der Schuld, die Krankensalbung stärkt in der Krankheit, die Priesterweihe verleiht die Vollmacht zum Dienst im Reich Gottes, das Ehesakrament heiligt die Ehe.

e. *Die Ausgießung des Heiligen Geistes*

Der christliche Glaube vermittelt dem Menschen eine neue Spiritualität, die ihn zur inneren Begegnung mit Gott führt. Durch die Ausgießung des Heiligen Geistes werden die Menschen von einem inneren Licht erleuchtet, das sie mit Begeisterung und Freude erfüllt. Sie werden innerlich entflammt und tragen ihr geistliches Feuer hinaus in die Welt.

16. DER BEGINN EINER NEUEN ZEIT

a. *Der Durchbruch des Gottesreiches*

Die innere Erneuerung des Glaubens und der Kirche in der Zeit der Bedrängnis wird früher oder später zum Durchbruch des

Gottesreiches führen. Es ist nicht abzuschätzen, wie lange die Zeit dauern wird. Es kann sein, dass Gott eine längere Zeit der Bedrängnis zulässt. Es kann aber auch sein, dass Gott machtvoll in die Geschichte eingreift und eine unvorhergesehene Wende herbeiführt, die zum Beginn einer neuen Zeit führt.

b. Die gereinigte Kirche

In der neuen Zeit wird es eine gereinigte Kirche geben. Es wird eine einfache Kirche sein, die von Macht und Reichtum befreit ist. Es wird eine gläubige Kirche sein, die die Irrtümer des Zeitgeists überwunden hat. Es wird eine dienende Kirche sein, die nicht von ehrgeizigen Managern geleitet wird. Es wird eine sakrale Kirche sein, die von der Verweltlichung geheilt ist.

c. Die neue Ökumene

Nach der Zeit der Prüfungen werden die Christen erkennen, dass sie nur gemeinsam das Reich Gottes aufbauen können. Katholiken, Orthodoxe, Protestanten, Evangelikale usw. werden sich darum bemühen, das Trennende zu überwinden. Sie werden nach der ursprünglichen Lehre Jesu Christi suchen und auf den gemeinsamen Dogmen der ersten Konzilien aufbauen.

d. Die eine Kirche

Nach der Zeit der Drangsal kann es auch geschehen, dass es zu einer neuen Einheit der Christenheit kommt. Nach den vielen Prüfungen werden sich die Christen in einer ganz neuen Weise für Christus öffnen. Der Heilige Geist kann dann in diesen geläuterten Christen machtvoll wirken und so die eine Kirche Jesu Christi in der Wahrheit und in der Liebe herbeiführen. Die Christen können dann gemeinsam das heilige Messopfer Jesu Christi feiern.

e. *Die jubelnde Kirche*

In der neuen Zeit wird eine Kirche entstehen, die von Freude erfüllt ist. Gott wird als Vater im Himmel verherrlicht werden, Jesus Christus als Erlöser gepriesen und der Heilige Geist als Lebensspender angerufen werden. Die ganze Kirche wird von Jubel erfüllt sein und voll Dankbarkeit das Loblied anstimmen: »Ehre sei Gott in der Höhe und Friede den Menschen auf Erden.«

17. EIN MARIANISCHES ZEITALTER

a. *Maria, die Mutter der Menschen*

Zum Abschluss wollen wir noch auf die bedeutende Rolle Marias in unserer Zeit hinweisen. Maria ist in den vergangenen Generationen an vielen Orten erschienen und hat als himmlische Mutter die Menschen aufgerufen, zu Gott zurückzukehren. Maria hat auch auf mögliche Strafgerichte hingewiesen und die Menschen zu Umkehr und Sühne aufgefordert.

b. *Maria, die Beschützerin der Menschen*

Maria nimmt die Menschen unserer Zeit unter ihren Schutz und stärkt sie in ihrem Widerstand gegen das Böse. Sie ruft die Menschen zum Rosenkranzgebet, zum Fasten und zur Sühne auf, um die Macht des Bösen zu brechen. Maria ist die Frau der Apokalypse, die im Kampf mit dem »Drachen« steht. Wo Maria in Erscheinung tritt, wird das Reich des Bösen überwunden.

c. *Maria, die Frau mit den zwölf Sternen*

Maria ist schließlich die Frau, deren Haupt von einem Kranz mit zwölf Sternen umgeben ist. Dieser Kranz mit den zwölf

Sternen ist auch das Symbol der vereinten Nationen Europas. Er ist für die Christen auch ein Hinweis dafür, dass Maria die geheime Patronin Europas ist, die dafür Sorge trägt, dass ein neues christliches Europa entstehen wird.

> Unter deinen Schutz und Schirm
> fliehen wir, o heilige Gottesmutter!
> Verschmähe nicht unser Gebet
> in unseren Nöten,
> sondern bewahre uns jederzeit
> vor allen Gefahren,
> o du glorreiche und gebenedeite Jungfrau,
> unsere Frau, unsere Mittlerin, unsere Fürsprecherin!
> Versöhne uns mit deinem Sohne,
> empfiehl uns deinem Sohne
> stelle uns vor deinem Sohne!
> Bitte für uns, o heilige Gottesmutter,
> auf dass wir würdig werden
> der Verheißungen Jesu Christi! Amen.